Scherz Krimis
Die mit den Streifen

Alfred Hitchcock

Flucht ohne Ausweg

Crime-Stories

Scherz

Einzig berechtigte Übertragung aus dem Englischen
von Margarete Rauchenberger, Ute Forsythe-Jauch, Ingrid Herrmann,
Wim Knoll und Christine Frauendorf-Mössel
Titel des Originals: »A Choice of Evils«
(Früher bei Scherz erschienen unter dem deutschen Titel:
»Das Erlesenste vom Bösen«)
Umschlaggestaltung: ja DESIGN, Bern: Julie Ting & Andreas Rufer
Umschlagbild: Hubertus Mall, Stuttgart

2. Auflage 2000, ISBN 3-502-51765-7

Gesamtherstellung: Ebner Ulm

Der Mann mit den goldenen Händen

Robert Bloch

Vielleicht bleibt mir nicht genügend Zeit, um alles zu Papier zu bringen.

Der Füller leckt, und das Papier wird auch nicht reichen. Das erschwert meine Lage wesentlich. Eigentlich dürfte man von einem Hotel, in dem man vierzig Dollar pro Tag und Zimmer bezahlen muß, erwarten, daß es anständiges Schreibmaterial zur Verfügung stellt. Ich könnte natürlich den Zimmerkellner rufen und mir neues bringen lassen, aber mir liegt nichts daran, daß hier jemand rumspioniert.

Ich will lediglich meine Erfahrungen niederschreiben, solange ich dazu noch Gelegenheit habe. Vielleicht können sie anderen Leuten nützen. Auf jeden Fall dürften sie einen übereifrigen Schnüffler interessieren, der sein ganzes Leben davon träumt, einmal einen ganz großen Coup an der Börse zu landen.

So einer war auch ich. Ich wollte so einen Schlag führen. Und jetzt ist es mir endlich gelungen, aber...

Doch ich berichte lieber von Anfang an. Also, mein Name ist Albert Kessler, und bis vor etwa einem Vierteljahr arbeitete ich in der Wall Street. Ich war Sekretär in einem Maklerbüro. Den Namen der Firma will ich lieber nicht nennen, er ist hier auch ganz nebensächlich.

Bis dahin war überhaupt alles nebensächlich, ich auch. Ich war nur einer unter vielen Angestellten und tat wie

sie meine Arbeit. Ich hielt es für einen Haupttreffer, wenn es mir gelang, eine Viertelstunde vor Dienstschluß abzuhauen und in der U-Bahn einen Sitzplatz zu ergattern, statt den ganzen Weg nach Hause stehen zu müssen. Das ist auch so 'n Witz – nach Hause! Ein möbliertes Zimmer in der Bronx. So gut wie nichts. Aber es war alles, was ich hatte, das Zimmer und der große Traum.
Ich glaube, jeder, der einmal in der Wall Street gearbeitet hat, träumt davon. An solche Dinge denkt man, wenn man in der U-Bahn durchgeschüttelt wird oder wenn man sich auf seiner klumpigen Matratze herumwälzt. Man muß einfach immer dran denken, und man hofft, daß es sich morgen erfüllt.
Morgen – das ist die große Chance, der Zufall, der einen auf den Menschen mit den goldenen Händen stoßen läßt. Er ist ein Taucher, und nach jedem Tauchen kommt er strahlender und reicher wieder an die Oberfläche. Irgendwie gelingt es einem, seine Bekanntschaft zu machen, dann gibt er einem auch mal einen guten Tip, und ehe man sich's versieht, ist man selbst ein Taucher. Einer von den ganz großen.
Ich weiß sehr gut, wie albern sich das anhört. Aber wenn man erst einmal ein bißchen in der Wall Street gearbeitet hat, kann man an nichts anderes mehr denken. Denn gelegentlich erlebt man es ja mit, daß ein solcher Traum wahr wird. Bernard Baruch war nicht der einzige, dem so ein Coup gelang. Man hört manchmal Geschichten von Leuten, die als Laufburschen anfingen und sich schließlich einen Sitz im Aufsichtsrat der Staatsbank kaufen konnten. Zuweilen machen sie ihr ganzes Geld durch Börsengeschäfte. Andere gehen dazu über, ihre Gewinne in einem Unternehmen zu investieren. Die Ölmagnaten zum

Beispiel, die großen griechischen Reeder, solche Leute haben bewiesen, daß es so etwas gibt.
Aber es gelingt nicht jedem. Vor allen Dingen nicht den Knaben, die herumlungern und lediglich davon träumen. Man muß schon etwas mehr tun als nur wünschen. Man muß die Augen offenhalten und mit jeder möglichen Gelegenheit rechnen. Und man muß warten können!
So habe ich es wenigstens gemacht. Mehr als zwei Jahre lang habe ich gewartet. Und ich schmiedete Pläne. Außerdem sparte ich meine Moneten. Es wurde nicht viel – lumpige dreitausend. Aber ich hielt es wenigstens durch. Die meisten anderen Träumer haben nicht die Ausdauer, zu warten und zu sparen. Sie horchen auf alle Gerüchte in der Runde und kritzeln Berechnungen in ihre Akten. In Stahl kann man fünf Dollar gewinnen oder zehn in Industriepapieren; heute soll man auf Gebrauchsgüter setzen. Das Börsenblatt ist ihre Wettzeitung, sie legen Tabellen und Kurven an und verfolgen die Börsenentwicklungen jahrzehnteweit zurück. Sie spielen nach System, oder sie lassen sich vom Zufall treiben – aber alle machen früher oder später Pleite.
Diese billige Art war nichts für mich. Ich glaubte nicht an Tips und Theorien. Gewiß, die Börse ist ein Glücksspiel, aber Spieler gewinnen nicht immer. Auf lange Sicht bleibt nur der Gewinner, der von Anfang an auf eine sichere Sache setzt.
Nach einem solchen Gewinner hielt ich Ausschau. Statt den Markt zu beobachten, sah ich mir die Kunden an.
Und so fand ich Lon Mariner.
Es hat keinen Zweck, hier bis in alle Einzelheiten zu berichten, wie es schließlich zum Klappen kam. Ein

halbes dutzendmal vorher schon glaubte ich, meinen Mann gefunden zu haben... Den Mann, der mit großem Einsatz immer zur rechten Zeit einstieg und sich nach gutem Gewinn ebenso schnell wieder zurückzog. Aber jedesmal verbockte mein Kunde früher oder später etwas, oder er ging dazu über, bei niedrigem Gewinn kleine Brötchen zu backen. Im Laufe der Jahre behielt ich mehrere Spekulanten im Auge, in New York und auch in unseren Filialen anderswo. Doch erst vor drei Monaten wurde ich fündig. Lon Mariner zog immer das richtige Kaninchen aus dem Hut. Er setzte fünfzehntausend auf eine kleine Flugzeugbaugesellschaft, genau drei Tage ehe diese einen Regierungsauftrag erhielt. Er machte einen Schnitt von fünfzigtausend und kaufte Elektronengeräte, von denen ich nie etwas gehört hatte. Sie halbierten die Aktien, warfen dann eine Dividende aus und sprangen unvermutet um achtzehn Punkte. Er kassierte nicht schlecht, verlegte sich auf Öl und verkaufte einen Tag vor dem Sturz ins Bodenlose. Dann folgte ein gewagter Coup bei einer Eisenbahngesellschaft in Texas, die innerhalb einer Woche von einer größeren Firma geschluckt wurde. Inzwischen verfolgte ich ernsthaft seine Aufträge, die durch unser Büro in San Francisco ausgeführt wurden. Nach einem Monat ungefähr arbeitete er zu meiner Überraschung von Cleveland aus. Aber seine Methode war immer die gleiche. Was er kaufte, blieb mir unverständlich, doch alles, was er anfaßte, wurde zu Gold. Kupfer, Radar, Fernsehen in Cleveland, dann eine riesige Gebrauchsgüteraktion in Boston. Ihm unterlief nie ein Zeitfehler. Im Laufe von elf Wochen fehlte er bei keiner unerwarteten Hausse, bei keinem tollen Geschäft auf dem Markt. Nach meiner Berechnung mußte er inzwischen

mehrere Millionen aus seinen fünfzehntausend gemacht haben. Und dann kam sein nächster, blödsinnig hoher Auftrag aus unserem Büro in Chicago.
Da gab ich meine Stelle auf und fuhr hin.
Mein gesamtes Kapital bestand aus dreitausend Dollar und meinem tollkühnen Plan. Ich jedenfalls hielt ihn für tollkühn, als ich endlich im Flugzeug saß. Da war ich nun unterwegs über den halben Kontinent, um einen mir völlig Unbekannten zu jagen, und dabei hoffte ich noch, daß er mich mit in sein großes Geschäft nehmen würde!
Als ich mir auf dem Flug meine Lage ganz klar vor Augen hielt, brach mir der Angstschweiß aus. Was wußte ich denn überhaupt von Lon Mariner? Er stand in keinem *Who's Who*. Ich hatte es nicht gewagt, durch eine unserer Filialen Erkundigungen über ihn einzuziehen. Ich wußte von ihm nur, daß er der Mann war, nach dem ich seit langem suchte – der Mann mit den goldenen Händen! Jetzt mußte ich es darauf ankommen lassen.
Sobald mich der Flughafenbus am Palmer House Hotel abgesetzt hatte, nahm ich ein Taxi zu unserer Niederlassung in der La Salle Street. Ich hatte noch meinen Geschäftsausweis – ist es etwa ein Verbrechen, daß ich vergaß, ihn zurückzugeben? – und zeigte ihn vor. Ich sagte, man habe mich geschickt, um mit einem unserer Kunden zu sprechen, und ob Mr. Mariner heute schon dagewesen sei?
Es stellte sich heraus, daß Mr. Mariner noch nicht vorgesprochen hatte – weder heute noch an irgendeinem anderen Tage. Seine Aufträge wurden telefonisch erteilt, und die Einzahlungen kamen per Scheck. Ich drang bis zum geschäftsführenden Direktor vor, aber niemand wußte etwas von dem Mann.

Eines jedenfalls erfuhr ich aber doch: Er wohnte in einem Hotel an der »Goldküste«, der teuersten Straße der Stadt. In dem Hotel, in dem ich jetzt bin.
Gestern nachmittag eilte ich hierher, blätterte meine vierzig Dollar hin für dieses Zimmer – einschließlich einer Klimaanlage, einem Fernsehapparat und einem Füller, der nichts taugt.
Vierzig Dollar waren nur der erste Einsatz. Zehn weitere verhalfen mir zu einem Zimmer auf dem gleichen Flur – der Empfangschef zeigte mir Mariners Namen und die Nummer seines Appartements im Gästebuch: Nummer 701. Meinem Zimmer schräg gegenüber. Zu Mariners Aussehen konnte er mir nicht viel sagen, denn er war ihm seit der Anmeldung nicht mehr begegnet. Er sei allein gekommen, nur wenig Gepäck, habe ein Durchschnittsgesicht, mittelgroß, braunes Haar, so um fünfundvierzig.
Zehn Dollar erhielt auch der Etagenkellner. Der konnte mir nur sagen, daß Mariner alle Mahlzeiten auf dem Zimmer einnahm und nie ausging, es sei denn morgens, wenn aufgeräumt wurde.
Inzwischen war es fast sieben Uhr, und die Zimmermädchen hatten Feierabend. Zunächst mußte ich also den Kellner zu fassen kriegen, der ihm das Essen heraufbrachte, einen Knaben namens Joe Franscetti. Für die obligaten zehn berichtete mir dieser Franscetti: Ja, er käme gerade aus Mariners Appartement, wo er das Abendbrotgeschirr abgeräumt habe. Mariner hatte offensichtlich überhaupt keinen Eindruck auf ihn gemacht. Er gab mir die gleiche unverbindliche Beschreibung eines »Durchschnittsmenschen«. Der Kellner konnte sich nicht erinnern, daß Mariner ihn angesprochen hatte oder wie er gekleidet war.
»Ich kann Ihnen aber sagen, was er zum Abendessen

bestellt hat«, sagte er. »Krabbencocktail, Spanferkel – nicht zu scharf gebraten war es, glaube ich –, Röstkartoffeln, Waldorfsalat, Kaffee und Apfelkuchen. Und wissen Sie, wieviel Trinkgeld er mir gab? Lumpige fünfzig Cent!«

Ich dankte ihm und zog mich zurück. Das war nicht gerade viel. Ich hatte wirklich nicht die weite Reise gemacht, um zu erfahren, daß Lon Mariner sein Fleisch »nicht zu scharf gebraten« wünschte. Auch war es mir ziemlich gleichgültig, ob ein Mann mit einer Fünf-Millionen-Gewinnsträhne kümmerliche Trinkgelder verteilte.

Im Augenblick konnte ich gar nichts unternehmen. Der Hausdetektiv schied aus. Es war schon kritisch genug, all diese Fragen zu stellen; denn vor allen Dingen durfte ich die Aufmerksamkeit der anderen nicht auf mich lenken. Man würde mich womöglich für einen Privatdetektiv halten.

Nützliches hatte ich jedenfalls nicht erfahren können, deshalb war ich jetzt ganz auf mich allein gestellt. Gegen halb acht landete ich wieder in meinem Zimmer und ließ die Tür offen. Wenn ich mich in einen der Sessel setzte, konnte ich 701 leicht im Auge behalten für den Fall, daß Mariner wider Erwarten ausgehen sollte.

Es hinderte mich zwar gar nichts daran, einfach über den Flur zu gehen und an seine Tür zu klopfen. Doch darauf war ich noch nicht vorbereitet. Ehe ich mit Mariner sprach, mußte ich mir einiges überlegen. Es kam auf jedes Wort an. Und ich konnte es mir nicht leisten, die Sache zu verpatzen. Ich mußte also genau wissen, was ich zu sagen hatte. Und dazu wollte ich den Mann erst einmal abschätzen.

Im Augenblick bewegte mich nur eine Vorstellung,

Mariner mußte irgend so ein Halbgescheiter sein. Nach außen hin machte das, was ich über ihn gehört hatte, keinen verdrehten Eindruck. Viele ruhige Zeitgenossen in mittleren Jahren waren ein bißchen schüchtern, deshalb zogen sie es vor, für sich zu bleiben. Aber unter den gegebenen Umständen stimmte irgend etwas nicht an dem Bild, das ich mir von ihm machte. Wenn ich in den letzten drei Monaten auf dem Kapitalmarkt Millionen gemacht hätte, würde ich mich nicht in ein Hotelzimmer verkriechen, das stand mal fest.
Aber normal konnte er auch nicht sein. Vielleicht auch so 'n überspannter Einsiedler, der schließlich in irgendeinem Keller starb und unter dessen Strohsack man dann ein Vermögen fand.
Lange saß ich da und dachte über ihn nach. Und je mehr ich überlegte, um so unsicherer wurde ich. Denn es ist ein hartes Stück Arbeit, sich an einen solchen Spinner heranzupirschen. Im allgemeinen sind sie schrecklich mißtrauisch – Verfolgungswahn und dergleichen mehr. Fremden trauen sie schon gar nicht, und jedermann ist ihr Feind.
Aber das paßte auch wieder nicht ins Bild. Ich bezahlte hier vierzig Dollar pro Tag, und Mariner, mochte er noch so schlechte Trinkgelder geben, verplemperte leicht hundert für seine Zimmerflucht. Außerdem war er in den letzten paar Monaten von San Francisco nach Cleveland, Boston und Chicago gegangen – und solche Reisen kosten ein Heidengeld. Wenn er wirklich so überspannt war, müßte es ihm doch zusetzen, einen Zehner unnötig auszugeben, selbst wenn er Millionen verdiente. Solche Burschen verkriechen sich für gewöhnlich in den Slums und bleiben dort, essen trockenes Brot anstelle von Krabbencocktails.

Es mußte also einen anderen Grund geben, weshalb Mariner sich so abkapselte. Und plötzlich kam mir eine Idee!

Konnte es sein, daß er für irgendeinen Ring den Strohmann machte?

Das erschien mir wahrscheinlicher. Damit ließ sich eine ganze Menge erklären. Auch daß er sein Zimmer niemals verließ. Wahrscheinlich erhielt er seine Anweisungen und Nachrichten telefonisch. Das war's! Er mußte seine Tips von draußen erhalten, falls die Erleuchtung ihm nicht im Schlaf kam.

Es kribbelte mir in allen Gliedern bei dem Gedanken, in sein Zimmer zu gehen und herumzuspionieren, während er gerade in Trance war oder seine Beschwörungsformeln herunterbetete. Vielleicht besaß er eine Sammlung von Schrumpfköpfen, mit denen er sich unterhielt.

Andererseits war es wahrscheinlich viel klüger, ein freundliches Wort an die Telefonistin zu wenden, damit sie auf die Gespräche achtete, die er führte, und mir dann einen Wink gab.

Ich sah auf die Uhr. Schon fast zehn, und nichts war geschehen. Ich wurde müde. Es war doch wohl besser, zu Bett zu gehen und erst einmal darüber zu schlafen. Am Morgen wollte ich dann entscheiden, wie ich weiter verfahren sollte.

Ich stand also auf und ging zur Tür, um sie zu schließen.

In diesem Augenblick öffnete sich seine Tür, und er kam heraus.

Auf den ersten Blick wußte ich: Das ist Mariner! In mittlerem Alter, mittelgroß, braunhaarig. Er trug einen dunkelblauen Anzug und ein weißes Hemd, und das Gesicht über dem makellosen Kragen hatte man bereits vergessen, während man es noch betrachtete. Ich habe bestimmt mehrere tausend solcher Gesichter in meinem Leben gesehen – in vollgestopften Aufzügen, überfüllten U-Bahnen und in der Menschenmenge, die durch die Straßen aller Großstädte wogt. Bei ihrem Anblick hatte ich niemals etwas Besonderes empfunden, jetzt schwitzte ich. Dieses eine Gesicht war fünf Millionen wert! Lon Mariner, der Mann mit den goldenen Händen!

Ich konnte seinen Rücken ausgiebig betrachten, denn er war mit seiner Zimmertür beschäftigt und prüfte, ob sie auch richtig schloß. Wahrscheinlich hatte er all das Geld da drinnen? Vielleicht konnte ich in der Nähe bleiben und mein Glück an dem Schloß versuchen. Nein, das war viel zu gefährlich. Ich mußte mich unbedingt an ihn hängen und ihn zum Sprechen bringen.

Während er zum Aufzug ging, zog ich mein Jackett über. Ich glaubte, noch rechtzeitig zu kommen, wenn ich jetzt hinüberrannte. Aber ich hatte mich geirrt. Der Aufzug öffnete sich, als ich gerade unter meiner Tür stand, und er stieg ein.

Ich lief fluchend die Treppe hinunter. In weniger als einer Minute erreichte ich die Halle, aber er war nirgends zu sehen, und der Aufzug fuhr bereits wieder nach oben. Ich konnte die Lichter hinter den Stockwerksnummern aufleuchten sehen: zwei, dann drei, dann vier.

Ich schüttelte den Kopf. Sollte ich auf den Aufzug warten und mit dem Liftboy sprechen? Vielleicht erinnerte er sich, in welcher Richtung ein Mann im blauen Anzug davongegangen war. Oder sollte ich lieber hinauslaufen, um selbst nach ihm zu sehen?

Auf jeden Fall mußte ich etwas unternehmen. Ich

schlenderte durch die Halle und mußte entsetzlich an mich halten, um nicht in Trab zu verfallen. Ich flitzte am Eingang der Cocktailbar vorbei. Plötzlich fiel mir etwas auf. Der Rücken eines blauen Anzugs.
Wie angewurzelt blieb ich stehen.
Mariner saß an der Bar. Allein. Ganz hinten in der Ecke.
Der Schweiß lief mir den Rücken hinab, als ich in die Bar trat. Ich zog mir einen Hocker heran und ließ mich etwa sechs Meter von ihm entfernt nieder. Zwischen uns saß niemand. Außer einem verliebten Pärchen in einer Nische, hatten wir den ganzen Laden für uns.
Der Barmixer war ein fetter Kerl mit Schnurrbart. Eben goß er Mariner etwas ein. Nach dem Glas zu urteilen, war es Kognak. Als er mich sah, kam er zu mir herüber.
Ich bestellte Bier und drehte mich auf meinem Hocker so, daß ich meinen Mann in Augenschein nehmen konnte.
Der Kellner hatte völlig recht gehabt: Lon Mariner sah außerordentlich »durchschnittlich« aus. Aus seinem Konfektionsanzug konnte man keinerlei Schlüsse ziehen, und auch in seinem Konfektionsgesicht war keine Spur von etwas Außergewöhnlichem. Er war ganz einfach ein Mitmensch.
Je länger ich ihn anblickte, um so schwächer wurde mir. Ich war so felsenfest davon überzeugt gewesen, daß ich mir einen Reim auf ihn machen könnte, sobald ich ihn nur erst zu Gesicht bekäme, und dann schon den Weg fände, mich ihm zu nähern. Aber nun saß er da, eine Marionette in blauem Anzug auf einem Barhocker. Sein Kognak schien ihm nicht zu schmecken, er hörte dem Radio nicht zu und blickte nicht einmal den Barmann und noch weniger mich an. Er machte einen ebenso lebendigen Eindruck wie eine Schaufen-

sterpuppe, nur war er lange nicht so hübsch.
Plötzlich verlangte er durch Handzeichen einen zweiten Drink, und als der Barmann mit der Flasche kam, kippte er den Schluck hinunter und ließ gleich noch einmal nachfüllen. Nachdem er bezahlt hatte, brummte er etwas vor sich hin, worauf der andere die Flasche vor ihm stehenließ.
Das war endlich ein Hinweis! Das und auch die Art, wie er so steif dasaß.
Er war wirklich steif und starr – vor Angst. Jetzt erkannte ich es an allem. Irgend etwas machte ihm Todesangst, und noch mehr fürchtete er, daß die anderen es merken könnten. Da saß er also und soff. Jetzt wußte ich Bescheid. Ich wartete, bis er sein Glas zum viertenmal vollgeschenkt und geleert hatte. Dann blickte ich mich um, weil ich sicher sein wollte, daß der Raum noch immer fast leer war, und glitt von meinem Sitz herab. Ich ging an der Theke entlang und stellte mich neben ihn. Er mußte mich in dem großen Spiegel hinter der Bar sehen, und ich bemerkte, daß seine Finger sich fester um das Glas schlossen.
»Mr. Mariner«, sagte ich, »ich habe Sie gesucht.«
Hätte er sich umgedreht und mir das Glas ins Gesicht geworfen, hätte ich es hingenommen. Wäre er bleich geworden und hätte nach Luft gerungen oder wäre zu Boden gesunken, ich hätte es ebenfalls verstanden. Aber was er tat oder vielmehr nicht tat, war noch viel wirkungsvoller.
Er rührte sich nicht.
Vorher war er starr gewesen, jetzt war er tot. Sein ganzer Körper spannte sich, als sei die Totenstarre bereits eingetreten. Ich hatte das Gefühl, daß er nicht mehr atmete, einfach aufgehört hatte zu atmen.
»Ich möchte mit Ihnen sprechen, Mr. Mariner«, raunte

ich ihm ins Ohr.
Er wandte mir den Kopf nicht zu, und auch seine Lippen bewegten sich nicht, doch aus seinem Innern drang ein schwacher Ton, und ich konnte verstehen:
»Sie irren sich. Ich heiße nicht Mariner.«
Ich zuckte mit den Schultern. »Natürlich nicht. Aber unter diesem Namen stehen Sie im Gästebuch des Hotels. Und unter dem Namen haben Sie alle Ihre Börsentransaktionen gemacht. Das weiß ich.«
Er streckte die Hand aus und kleckerte sich einen neuen Kognak ins Glas. Er goß nicht – er kleckerte. Ich sah ihm zu, wie das Glas zum Munde zitterte und wie er den Inhalt hinunterstürzte. Dann flüsterte er wieder:
»Wie haben Sie mich gefunden?«
»Das tut nichts zur Sache«, entgegnete ich. »Ich beobachte Sie schon eine ganze Weile.«
»Dann habe ich mich doch geirrt, nicht wahr? Ich dachte, ich hätte sie abgeschüttelt. Aber sie wußten die ganze Zeit Bescheid, nicht?«
»Ich bin allein, Mr. Mariner.«
»Ja, aber Sie kommen in ihrem Auftrag.«
Ich zögerte ein wenig, dann wußte ich, wie ich vorgehen mußte.
»Niemand gab mir einen Auftrag. Es ist einzig und allein meine Idee. Seit Monaten beobachte ich Ihre Börsenmanipulationen. Sie müssen wissen, daß ich für die Firma arbeite, der Sie Ihre Aufträge erteilten. Ich möchte mit Ihnen über Ihre Methode sprechen.«
»Meine Methode?«
Zum erstenmal bemerkte ich einen erkennbaren Ausdruck auf seinem Gesicht. Es war beinahe ein Lächeln. Er wandte sich mir nur ein ganz klein wenig zu und starrte mich an.

»Also habe ich mich geirrt? Sie sind wirklich ein ganz alltäglicher Mensch?«
»Absolut alltäglich, ganz bestimmt. Aber ich empfinde Ihnen gegenüber eine grenzenlose Neugier. So würde es mir übrigens mit jedem ergehen, der auf dem Wertpapiermarkt das gleiche fertigbringt wie Sie. Ich hatte gehofft, wir könnten uns einmal über Ihr System unterhalten...«
Jetzt lächelte er wirklich. Er goß sich wieder ein, und dieses Mal war seine Hand völlig ruhig. »Ja, ich weiß gar nicht...«
Er hatte seine Sicherheit wiedergefunden und war bereit, mich abzuschütteln. Aber ich wußte, wie man dem begegnet.
»Passen Sie auf, Mr. Mariner. Ich gehöre nicht zu den üblichen Schnüfflern, aber Sie haben mir schon genug gesagt. Ich weiß also ganz gut, daß Sie in irgendeiner Klemme sitzen. Es liegt Ihnen nicht gerade viel daran, Aufmerksamkeit zu erregen. Habe ich recht? Sie möchten nicht allzugern in den Zeitungen etwas lesen über geheimnisvolle Millionäre oder über Männer, die unter falschem Namen reisen und mit mysteriösen Methoden auf dem Börsenmarkt einen Coup nach dem anderen landen. Ich könnte natürlich jetzt zum Telefon gehen und Reporter rufen...«
»Das würden Sie nicht tun!«
»Selbstverständlich nicht. Denn statt dessen werden wir uns unterhalten. Nur Sie und ich. Wenn Sie mir das sagen können, was mir vorschwebt, habe ich allen Grund, in der Zukunft meinen Mund zu halten, ebenso wie Sie. So liegt die Sache, Mr. Mariner. Ich habe meine Karten auf den Tisch gelegt. Ich möchte einsteigen.«
»Gut, wir werden uns unterhalten.«

»Das ist schön.«
»Aber nicht hier, nicht so. Auf meinem Zimmer.«
»Das ist mir recht. Dann wollen wir raufgehen.« Ich wartete einen Augenblick, dann wiederholte ich etwas lauter:
»Dann wollen wir raufgehen.«
Er hörte mir gar nicht zu.
Er sah mich auch nicht an. Er starrte in den Spiegel hinter der Bar, und ich folgte seinem Blick.
Hinter uns in der Tür stand eine hochgewachsene Blondine. Neben anderen Vorzügen besaß sie ein Paar Augen, wie ich es noch nie in meinem Leben gesehen hatte. Aus verschiedenen Gründen lohnte es sich wohl, sie anzusehen, aber ihre großen Augen hielten mich gefangen.
Die Augen wirkten auf Mariner ebenso wie auf mich. Er sah die Frau an, und sein Mund klappte auf und zu. Er gefror wieder – regelrecht zu Eis.
Sie lächelte nicht, und sie sprach nicht, sie kam auch nicht näher. Sie gönnte ihm nur einen langen Blick, und dann winkte sie ihn zu sich.
Mariner erhob sich. »Entschuldigen Sie mich, bitte«, stammelte er. »Ich muß gehen. Ich habe eine Verabredung.«
»Und was ist mit unserem Gespräch?« fragte ich.
»Ach ja, natürlich. Sagen wir morgen früh um zehn Uhr, in meinem Zimmer?«
Ich schnappte nach seinem Arm. »Sie wollen mir doch wohl keinen Streich spielen? Denken Sie an die Reporter!«
»Die vergesse ich nicht.«
»Gut. Also morgen um zehn. Aber bitte keine Witze. Es ist mir ernst, Mr. Mariner.«
»Ich habe es versprochen.«

Damit ging er auf die Frau zu und folgte ihr aus dem Raum. Ich sah, wie sie zusammen die Halle durchquerten und zu den Aufzügen hinübergingen. In dieser Richtung gab es keinen Fluchtweg für ihn. Außerdem war ich überzeugt, daß er gar nicht danach suchte – mit einer solchen Dame am Arm! Ich konnte es ihm eigentlich nicht übelnehmen, daß er die Verabredung mit mir auf morgen verschob. Wenn mir jemals eine solche blonde Schönheit winken würde, vergäße ich jedes andere Rendezvous auf der Stelle. Und ich bezweifle sehr, ob ich dann am nächsten Morgen um zehn in der Lage wäre, mit jemandem zu verhandeln.
Dennoch wurde ich mißtrauisch. Ich wartete ein paar Minuten, stand dann auf und ging zum Empfang hinüber. Der Portier war noch immer der, dem ich zehn Dollar gegeben hatte. Ich neigte mich über den Tisch und nahm ganz beiläufig einen weiteren Schein zwischen die Finger.
Er nahm ihn ebenso beiläufig. »Womit kann ich dienen?«
»Was ist mit Mr. Mariner? Er ist doch nicht etwa abgereist?«
»Kein Gast dieses Namens ist abgereist, mein Herr.«
»Sollte er zwischen jetzt und morgen vormittag ausziehen, würden Sie es mich dann bitte wissen lassen? Und zwar noch ehe er hier an Ihrem Tisch vorüber ist?«
»Gewiß, aber ...«
»Was, aber?«
Der Portier runzelte die Stirn. »Ich glaube, im Haus wohnt gar kein Gast dieses Namens.«
Auf Stirnrunzeln verstand ich mich auch. »Was soll das heißen, im Haus wohnt kein Gast dieses Namens? Lon Mariner, Appartement 701. Sie sind doch der

Mann, den ich zuallererst nach ihm gefragt habe.«
»Ich soll das gewesen sein? Sie müssen sich irren, mein Herr.«
»Nun passen Sie mal auf...«
»Sehen Sie hier, mein Herr.« Der Mann blätterte das Gästebuch durch. »Hier stehen alle Gäste, die in der letzten Woche angereist sind. Kein Mariner darunter! Sind Sie ganz sicher, daß Sie den richtigen Namen nannten?«
»Ob ich sicher bin? Sie haben ihn mir doch gestern selbst gezeigt. Geben Sie mal her!« Ich riß das Buch an mich und traute meinen Augen nicht. Da stand mein eigener Name. Ich überflog die Eintragungen darüber. Page, Tenn, Klass, Phillips, Graham – kein Mariner.
»Was hat das zu bedeuten?« Ein merkwürdiges Gefühl regte sich in meiner Magengegend. »Wer wohnt denn in Appartement 701?«
»Da muß ich in der Kartei nachsehen. Bitte, hier drüben, mein Herr.« Er ging auf einen Nebenraum zu, in dem die Gästekartei aufbewahrt wurde. Er zog eine gelbe Karte hervor.
»Appartement 701 stand die ganze Woche leer«, sagte er. »Heute abend wurde es belegt. Der Gast heißt Fairborn. Hier, überzeugen Sie sich selbst.«
Das merkwürdige Gefühl breitete sich von meinem Magen auf den ganzen Körper aus. Mein Herz hämmerte.
»Aber das ist doch Mariners Appartement«, sagte ich. »Der kleine Mann um die Vierzig, in dem blauen Anzug. Sie müssen doch gesehen haben, wie er gerade mit der großen blonden Dame durch die Halle ging?«
»Nein, mein Herr, ich sah nichts.« Der Mann schüttelte den Kopf.
»Aber er war doch gerade noch drüben in der Bar. Ich

sprach mit ihm.«
»Es tut mir leid, mein Herr.«
Ich drehte mich auf dem Absatz um und lief zum Aufzug hinüber. Bis ich den siebten Stock erreicht hatte, war ich völlig außer Atem. Das konnte ja wohl nicht am Tempo des Aufzugs liegen!
Ich ging den Korridor hinunter bis zur Tür 701. Ich japste zwar nach Luft, aber ich konnte noch reden. Und als sich die Tür öffnete, tat ich mir keinen Zwang an.
»Mr. Mariner!« sagte ich, dann blieb mir das Wort im Munde stecken. Ich blickte der blonden Dame gerade in die großen Augen. Und sie sah mich an.
»Sie haben sich wohl in der Tür geirrt?«
»Keineswegs. Wo ist Mr. Mariner?«
»Wer?«
»Der Bursche im blauen Anzug. Es ist noch keine halbe Stunde her, daß Sie mit ihm hier heraufgefahren sind. Dies ist sein Zimmer.«
Sie schüttelte den Kopf. »Es tut mir aufrichtig leid, aber da irren Sie. Dies ist mein Zimmer. Ich bin Miss Fairborn.«
»Ich sah Sie doch zusammen.«
Die großen Augen wurden schmal. »Nun erlauben Sie aber mal. Ich bin in diesem Raum, seit ich heute abend angekommen bin. Ich verstehe überhaupt nicht, wovon Sie sprechen. Wenn Sie mir nicht glauben wollen, müssen Sie sich unten beim Empfang erkundigen.«
»Das habe ich bereits getan. Aber ich weiß genau, daß Sie und Mr. Mariner zusammen waren. Ich sah Sie gemeinsam die Bar verlassen.«
»Ach, die Bar! Sie haben dort etwas getrunken?«
»Das bißchen! Ich bin nicht betrunken! Was haben Sie mit Mariner gemacht?«

Die Tür wurde ein wenig weiter geöffnet. Ein Mann steckte seinen Kopf hinter Miss Fairborn hervor. Er war groß, hatte graues Haar und sah ganz und gar nicht wie Mariner aus. Er sah vielmehr nach Ärger aus.
»Was ist hier los?« fragte er.
Miss Fairborn hob die Schultern. »Ich weiß es nicht. Irgend so ein Beschwipster sucht seinen Freund. Übernimm du ihn lieber, Harry.«
»Wüßte nicht, was ich lieber täte.«
Aber ich ließ mich nicht übernehmen. Ich zog mich zurück. »Schon gut«, sagte ich. »Dann habe ich mich also geirrt. Tut mir leid.«
Harry wollte etwas sagen, trat dann aber zur Seite. Der Kellner Joe Franscetti rollte einen Servierwagen aus dem Zimmer.
Ich winkte den dreien zu. »Entschuldigen Sie bitte die Störung«, murmelte ich. »Ich werde mich still verdrücken.«
Ich ging um die nächste Ecke und hörte, wie sich die Tür hinter mir schloß. Ich blieb stehen und wartete, bis Joe Franscetti mich einholte. Er rollte seinen Wagen vor sich her und blickte auf den Boden. Ich trat vor und faßte nach seinem Ellbogen.
»Was ist los?« fragte ich. »Wo ist Mariner?«
»Wer? Was soll das nun wieder, Mann?«
»Ich fragte, wo Mariner ist. Der Kerl von 701?«
»Ich komme gerade da raus. Sie haben es doch gesehen. Da wohnt diese Dame mit ihrem Freund. Sie haben eben zu Abend gegessen.«
»Ich weiß. Nur wohnt dort Mr. Mariner. Sie brachten ihm die ganze letzte Woche das Essen aufs Zimmer. Sie haben es mir selbst erzählt. Erinnern Sie sich?«
»Mann, fühlen Sie sich nicht wohl?«
»Doch, selbstverständlich. Ich schon, aber alle anderen

scheinen verrückt geworden zu sein. Jetzt hören Sie mir mal gut zu. Sie selbst haben mir von Mr. Mariner erzählt, von dem braunhaarigen kleinen Mann im blauen Anzug, der Ihnen nur fünfzig Cent Trinkgeld gab. Spanferkel, nicht zu scharf gebraten, Waldorfsalat.«

»Mein Herr, das Appartement hat die ganze Woche leer gestanden. So einen, wie Sie ihn beschreiben, habe ich noch nie hier gesehen, und Sie habe ich auch noch nicht gesehen. Sie sollten sich lieber hinlegen, Sie sehen gar nicht gut aus.«

Ich wußte genau, wie ich aussah, aber es galt jetzt, keine Zeit zu verlieren. Ich mußte den Oberkellner suchen. Er würde wissen, ob und wo ein gewisser Etagenkellner Dienst tat.

Also wieder hinunter. Ich fand den Oberkellner. Mein Freund hatte heute abend Dienst, und ich fand ihn in einer Ecke der Halle. Dieses Mal wollte ich einen weiteren Einsatz wagen.

»Hier«, sagte ich und wedelte mit dem Schein unter seiner Nase herum. »Das sind hundert Piepen, siehst du sie?«

»Ja, mein Herr.«

»Ich weiß zwar nicht, was sie dir geboten haben, damit du dichthältst, aber ich habe so das Gefühl, daß sie nicht höher als zwanzig gegangen sind. Du könntest dich also dem Meistbietenden anvertrauen.«

»Ich verstehe Sie nicht ganz, mein Herr.«

»Es ist aber eigentlich ganz leicht. Wir beide, du und ich, hatten doch gestern eine kleine Unterhaltung. Ich habe dir einige Fragen nach einem gewissen Lon Mariner gestellt, dem in Appartement 701. Du hast ihn mir beschrieben und gesagt, er ginge niemals aus, höchstens während die Mädchen saubermachten.

Stimmt's?«
Sein Blick folgte dem Geldschein, der unter seiner Nase hin und her wehte. Dann schüttelte er den Kopf. »Es tut mir schrecklich leid, mein Herr. Ich erinnere mich an nichts dergleichen. Vielmehr, ich kann Ihnen gar nichts Derartiges erzählt haben, denn bis heute abend hat 701 leer gestanden. Ich weiß das ganz bestimmt, denn ich habe den neuen Gast vor ein paar Stunden selbst hinaufgeführt. Eine große blonde Dame.«
Der Schein wanderte in meine Brieftasche zurück, und ich wandte mich wieder der Bar zu. Sie war nach wie vor leer, und der Mixer kam sofort zu mir herüber. »Sie wünschen?«
»Kennen Sie mich wieder?« fragte ich. »Ich war heute abend schon mal hier.«
»Ja, das stimmt.«
Na, er gab wenigstens zu, mich schon einmal gesehen zu haben. Jetzt mußte ich alles auf eine Karte setzen. »Erinnern Sie sich auch an den Knaben, mit dem ich mich unterhielt?«
Schweigen.
»Er ging kurz vor mir fort, mit einer blonden Dame.«
»Eine große Blonde?« Das Gesicht des Barmanns hellte sich auf. »Gewiß, sie war vor ein paar Minuten noch hier. Ich gab ihr – oh, ich weiß nicht mehr, was es war.«
»Sie war davor schon einmal hier und suchte nach dem Kleinen im blauen Anzug. Er saß da am Ende der Bar und trank Kognak. Ich sprach ihn an. Dann trat sie auf, und die beiden gingen zusammen hinaus. Nun, erinnern Sie sich an ihn?«
Der Mann schüttelte den Kopf. »Den habe ich nicht gesehen. Ich habe Sie mit niemandem sprechen sehen. Sie waren ganz allein hier.« Er wischte über die Theke.

»Was ist los? Sie sehen gar nicht gut aus.«
»Ich fühle mich auch gar nicht gut«, bestätigte ich. »Verschwinden Sie!«
Er ging fort, und ich blieb sitzen. Es hatte gar keinen Zweck, mit jemandem zu reden. Keiner würde sich an irgend etwas erinnern. Nur ich, ich ganz allein.
Ich dachte an einen alten Film, den sie kürzlich im Fernsehen aufgewärmt hatten: *Eine Dame verschwindet.* Die eine Dame trifft eine andere Dame, unterhält sich mit ihr, und wenig später schwören alle Leute, es hätte sie niemals gegeben. Natürlich existierte sie, Spione hatten sie nur entführt.
Auch eine andere Geschichte von der gleichen Art taucht alle Jahre mal wieder auf: die von der Frau im Hotelzimmer. Auch sie verschwindet. Ich glaube, es geschah vor langer Zeit, so um 1890 in Paris, während irgendeiner internationalen Ausstellung. Die Frau hatte Cholera, und als sie starb, wurde die Sache vertuscht, damit unter den anderen Gästen keine Panik ausbrach. Sogar das Zimmer wurde über Nacht neu tapeziert.
Wenn ich es recht bedachte, hatte ich einen Haufen Kriminalromane gelesen, denen der gleiche Gedanke zugrunde lag. Und meistens drehte es sich um eine Dame und einen Spion oder einen Mordanschlag.
Aber in Verbindung mit Mariner schien mir das völlig abwegig. Spione spekulieren nicht an der Börse. Und Cholera oder auch nur die asiatische Grippe hatte er mal sicher nicht.
Vielmehr hatte ihn die Angst geschüttelt.
Daran mußte ich fortwährend denken. Er hatte Angst, als ich ihn ansprach, und er fragte, ob sie mich geschickt hätten. Wer waren wohl diese sie? Er hatte die Blonde erkannt und war ruhig mit ihr davongegan-

gen. War ohne weiteres mit ihr in sein Appartement hinaufgefahren, wo der grauhaarige Mann, Harry, auf ihn wartete. Er war mitgegangen, obwohl er sich zu Tode gefürchtet hatte.
Zu Tode gefürchtet! War das die Lösung? Hatten die beiden ihn umgebracht?
Ich fand keinen Sinn darin. Man tötet doch nicht die Gans, die Fünf-Millionen-Eier legt. Außerdem kann man so etwas nicht einmal in Chicago ungestraft tun, noch dazu in einem so eleganten Hotel.
Aber etwas anderes war ihnen gelungen, und zwar das Unglaublichste an der ganzen Sache! Sie hatten es erreicht, daß alle Lon Mariners Existenz vergaßen. Sogar die Leute, die ihn wenige Minuten vor seinem Verschwinden noch gesehen hatten, erinnerten sich nicht mehr an ihn. Sein Name stand nicht mehr im Gästebuch und ebensowenig in der Zimmerkartei. War das allein durch Bestechung möglich? Ich bezweifelte das. Man kann doch kein solches Risiko eingehen. Früher oder später würde jemand auftauchen und nach Lon Mariner fragen, vielleicht sogar Druck anwenden. Portiers, Kellner, Liftboys – auf die Verschwiegenheit des gesamten Personals konnte man doch nicht so restlos bauen, besonders wenn man ihnen Daumenschrauben ansetzte. Einer würde fragen, und einer würde dann bestimmt singen. Bestechung allein genügte da nicht.
Und Drohungen? Das könnte klappen. Aber die Leute, mit denen ich soeben gesprochen hatte, waren mir nicht eingeschüchtert vorgekommen. Sie hatten sich nur gewundert. Es war gerade so, als glaubten sie wirklich, daß es keinen Lon Mariner gab.
Auf diesen Punkt konzentrierten sich meine Gedanken.

Warum wollte ich denn unbedingt feststellen, ob alle überzeugt waren, daß es keinen kleinen Mann im blauen Anzug gab?
Und wie hatten sie das fertiggebracht? Wenn hier wirklich ein Mord geschehen war, dann lag den Mördern doch bestimmt mehr daran, sich selbst zu verbergen und nicht das Opfer. Die blonde Dame hatte sich aber ganz einfach in die Liste der Gäste eintragen lassen und ging offen im Hotel herum. Sie war auch hierher in die Bar zurückgekehrt – wahrscheinlich, als ich mich draußen in der Halle erkundigte – und hatte mit dem Barmixer gesprochen. Er behauptete sogar, sie hätte was zu trinken bestellt, aber er konnte sich nicht mehr darauf besinnen.
Er konnte sich nicht mehr darauf besinnen...
Da schlug der Blitz ein! Der Blitz dieser riesengroßen Augen! Und die beiden waren hier ganz allein gewesen. Die Blonde beugte sich über die Theke und redete dem Barmann ein, er könne sich nicht mehr erinnern. Sie bestach ihn nicht, sie drohte ihm nicht, sie redete es ihm ein, sie hypnotisierte ihn!
Ist das so abwegig?
Vielleicht! Aber mir war jetzt alles egal. Wenn harte Tatsachen keinen Sinn mehr ergeben, muß man nach etwas Phantastischem suchen. Und Hypnose ist ein probates Mittel. Unter günstigen Bedingungen, mit den richtigen Medien klappt es immer. Die Blonde mochte die erforderlichen Kräfte besitzen. Sie konnte sich jederzeit dem Portier und dem Kellner nähern. Sie waren Männer und würden sie nur zu bereitwillig ansehen und ihr gern zuhören. Joe Franscetti war sogar in ihrem Zimmer gewesen und hatte das Essen serviert. Blieb nur noch der Barmixer. Sie schlüpfte also hier herein und verpaßte ihm eine Gedächtnis-

lücke.
Mir wurde etwas wohler, jedoch nicht viel. Mr. Mariner war noch nicht wiederaufgetaucht, und ich hatte keine Ahnung, wo er sich befand. Aber sie hatten gemerkt, daß ich etwas wußte.
Ich brauchte jetzt dringend einen Trumpf, doch ich hatte keinen. Das wirksamste Mittel, das mir zur Verfügung stand, war die Pistole in meinem Koffer. Neulich hatte ich lange drüber nachgedacht, ob ich eine mitnehmen sollte. Es schien mir gefährlich, und ich glaubte, daß ich Mariner nicht erst mit Drohungen kommen mußte. Nun war ich froh, sie mitgenommen zu haben.
Mir blieb jetzt nur ein Ausweg. Hinauf in mein Zimmer gehen, die Pistole holen und dann an die Tür von 701 klopfen.
Ich stand auf und trat in die Halle. Ich nahm den Aufzug und stieg im siebten Stock aus. Auf Zehenspitzen schlich ich an 701 vorbei zu meinem Zimmer. Ich zog den Schlüssel aus der Tasche und schloß meine Tür sehr leise auf. Dann trat ich ein.
Als ich meine Hand nach dem Schalter ausstreckte, stolperte ich und fluchte leise. Statt dessen hätte ich beten sollen. Denn mein Stolpern muß mir das Leben gerettet haben.
Der Schlag kam aus der Dunkelheit hinter der Tür, und wenn er meinen Kopf getroffen hätte, wäre ich nicht mehr unter den Lebenden. Obgleich er danebenging, brach er mir fast die Schulter. Ich duckte mich, drehte mich um und wollte gerade einen rechten Haken abfeuern, als gleichzeitig zwei Dinge passierten.
Das Licht ging an, und der Mann namens Harry drückte mir eine Pistole in die Rippen.
»Los! Marsch!« riet er mir.

Und wir marschierten. Auf dem Flur war keine Menschenseele, um die Parade abzunehmen. Niemand schrie »Hurra«, als wir vor 701 haltmachten.
Er klopfte. Die Tür öffnete sich, und Miss Fairborn schaute heraus.
»Hast du ihn?« flüsterte sie.
»Ja«, raunte Harry zurück. »Ich habe ihn.« Damit stieß er mich ins Zimmer und schloß hinter uns die Tür.
»Warum hast du ihn denn nicht umgelegt?« fragte sie.
»Mir fiel was Besseres ein«, erwiderte Harry. »Ich dachte, wir könnten unsere Pläne ändern.« Er zwinkerte ihr zu. »Kapiert?«
Miss Fairborn nickte, dann wandte sie sich mir zu und starrte mich mit ihren großen Augen an.
»Geben Sie sich keine Mühe«, sagte ich. »Mich hypnotisieren Sie nicht so leicht.«
Sie seufzte. »Ich weiß, deshalb versuchte ich es erst gar nicht. Bei Ihnen war es wirkungslos, weil Sie nicht mitarbeiteten. Sie waren zu mißtrauisch.«
»Tut mir leid. Ich bin nun mal so.«
»Mir tut es auch leid. Wenn Sie nur nicht gekommen wären. Wenn Sie jetzt wenigstens fortgehen wollten – aber dazu ist es ja leider zu spät.«
Ich sah das Bett auf der anderen Seite des Raumes. »Wo ist das Geld?« fragte ich. »Ich dachte, es wäre hier aufgehäuft, fertig zum Versand.«
Mit der freien Hand rieb Harry sich das Kinn. Mit der anderen drückte er immer noch die Pistole gegen meinen Brustkorb.
»Sie konnten wohl nicht anders, als darüber nachzudenken?« fragte Harry.
»Natürlich mußte ich nachdenken. Na, wo ist es denn, wenn ich fragen darf?«
»Es steht Ihnen in keiner Weise zu, Fragen zu stellen,

aber ich will es Ihnen trotzdem sagen. Das Geld ist schon unterwegs.«
»Und wo ist Mr. Mariner?«
»Der ist ebenfalls unterwegs. Oder doch bald.«
»Dann stimmt also meine Vermutung. Mord?«
»Sie haben wohl furchtbar viel gedacht, nicht?«
»Weshalb auch nicht?« Ich zuckte mit den Schultern. »Ich wußte, daß Mariner um sein Leben fürchtete. Deshalb jagte er von Stadt zu Stadt. Aus dem gleichen Grund verkroch er sich hier. Als ich ihn anredete, lief er fast blau an und gab zu, daß sie hinter ihm her waren. Wovon er sprach, merkte ich erst, als Miss Fairborn erschien. Seine Angst erreichte da den Höhepunkt, und trotzdem ging er ruhig mit ihr hinaus. Das paßt doch alles ganz schön zusammen, oder etwa nicht? Wir waren der gleichen Sache auf der Spur, nämlich, wie er es fertigbrachte, in so kurzer Zeit soviel Geld zu machen.
Der Unterschied war nur, daß ich ganz allein arbeitete und auf anständige Weise an ihn heranzukommen versuchte. Sie beide taten sich zusammen und setzten ihn unter Druck. Sie waren bereit, ihm zu drohen, ja, ihn zu töten. Und das haben Sie auch durchgeführt. Ich verstehe nur noch nicht, wieso es Ihnen gelungen ist.«
Ich machte eine Pause, denn mir kam ein neuer Gedanke. »Wie haben Sie nur seinen Namen aus der Gästeliste verschwinden lassen? War es auch Hypnose – ich meine, wie Sie hier im Hotel vorgingen?«
Miss Fairborn nickte. »Wir haben in jeder größeren Stadt Teams, die für uns arbeiten.«
»Das kostet 'ne Stange Geld! Aber natürlich, mit fünf Millionen ...«
»Multiplizieren Sie es ruhig mit zehn«, warf Harry ein.

»Mariner brachte nur sein eigenes kleines Schäfchen ins trockene, als er glaubte, er habe uns abgehängt.«
»Sie?«
»Wir arbeiten alle für die gleiche Firma, verstehen Sie nun?«
»Ein Ring?«
»Nicht so, wie Sie meinen. Es handelt sich um eine Gruppe von Geldgebern. Namen tun hier nichts zur Sache. Es genügt, wenn ich sage, daß es lauter einflußreiche und wohlhabende Leute sind, die nur noch ein wenig einflußreicher und wohlhabender werden wollen. Sie sind in Stellungen, wo sie frühzeitig Tips über gewisse interne Dinge erhalten – aber es gibt da Gesetze, die es verbieten, innerhalb der eigenen Firma zu spekulieren. Sie hatten die Idee, ihre Mittel zusammenzuwerfen, und schufen so eine private Gesellschaft, die ihre Investitionen tätigt. Solange es ein Geheimnis bleibt, können sie jedes Jahr viele Millionen Gewinne abschöpfen. Sie brauchen lediglich einen Strohmann.«
»Mariner also?«
»Genau. Ein Niemand aus Unbekannt. Ein Mensch, der Befehle zu empfangen gewohnt war, und ein paar andere, wir, die ihn im Auge behielten und verhüteten, daß er einen Seitensprung machte. Alles ging bestens in den letzten Jahren. Allein an Aktien und Obligationen muß er weit über fünfzig Millionen eingebracht haben.«
»Aber es ist doch unmöglich, daß ein einziger Mann soviel Geld einstreicht, ohne daß es Schlagzeilen gibt. Ich habe niemals von ihm gehört, ehe ich vor drei Monaten über seine Spur stolperte, als er kleine Einsätze machte.«
»Das ist ganz richtig. Vor drei Monaten hieß er noch

nicht Mariner. Im Laufe der Jahre hatte er ein halbes Dutzend verschiedener Namen. Es gehörte zu dem Plan, seine Personalien zu wechseln. Unsere Aufgabe war es dann, seinen Spuren zu folgen und überall die Erinnerung an sein früheres Leben auszulöschen. Aber ich sagte ja bereits, daß wir über das ganze Land verstreut unsere Leute sitzen haben.
Vor drei Monaten beschloß er dann, auf eigene Faust seinen Namen zu ändern. Man hatte ihm auf längere Zeit hinaus Informationen gegeben. Er wußte, wann und wo er einsteigen sollte. Da plante er, uns abzuhängen und ein kleines Geschäft auf eigene Rechnung zu wagen. Er nannte sich Mariner und hopste im ganzen Land umher. In neunzig Tagen brachte er es fertig, nahezu fünf Millionen in bar einzustreichen. Dann holten wir ihn endlich ein.« Harry rieb sich wieder das Kinn.
»Und weshalb erzählen Sie mir das alles?«
Er grinste. »Ihr Gesicht gefällt mir.«
»Sie werden nicht versuchen, mich auch um die Ecke zu bringen. Bei mir ließe man Sie nicht so ungeschoren.«
»Bestimmt nicht.« Er zog die Pistole von meinen Rippen zurück. »Hier, ich will sie Ihnen nur gleich wiedergeben.« Damit hielt er mir die Waffe hin.
»Ja, aber ...«
»Nur zu, nehmen Sie das Ding ruhig. Es ist nicht geladen. Außerdem ist es Ihre eigene. Ich fand sie in Ihrem Koffer.«
Ich schloß die Augen und öffnete sie wieder.
»Weshalb ...«
Miss Fairborn lächelte mir zu. »Ich ahne, was Harry vorhat. Er will Sie fragen, ob Sie nicht mit uns zusammenarbeiten wollen. Ist es nicht so, Schatz?«

»Ganz recht.« Harry nickte freundlich. »Er ist der ideale Nachfolger für Mariner.«
»Und wenn mir die Sache nicht zusagt?« fragte ich.
»Unsinn! Aus dem Grunde sind Sie doch Mr. Mariner nachgereist, nicht wahr?« sagte Miss Fairborn. »Sie wollten doch auch Millionen machen. Davon träumten Sie doch bereits seit langem, oder etwa nicht? Nun, dann haben Sie jetzt die Gelegenheit, Ihren Traum zu verwirklichen. Von heute ab werden Sie nichts anderes mehr tun. Sie werden von Stadt zu Stadt reisen – und Sie können ganze Vermögen anlegen. Noch ehe das erste Jahr vorüber ist, werden Sie wahrscheinlich mehr Geld eingenommen haben, als irgend jemand sonst auf dem gesamten Markt. Was kann Ihnen das Leben Schöneres bieten?«
»Aber ich kann es ja nicht behalten. Ich muß im verborgenen leben, immer in Hotels. Und solche Leute wie Sie spionieren mir dauernd nach. Tag und Nacht.«
»Das ist der Fluch des Reichtums«, bemerkte Miss Fairborn leichthin.
»Nichts wird mir selbst gehören, nicht mal ein Name. Niemand wird mich kennen oder an mich denken, wenn Sie alle Erinnerung an mich auslöschen.«
»Aber überlegen Sie doch, wie romantisch es ist, ein von Geheimnissen umwitterter Mann zu sein.«
»Daran denke ich sehr wohl, und es gefällt mir gar nicht«, sagte ich. »Ich mag Ihren Vorschlag nicht, und Sie mag ich ebensowenig. Wer sollte mich wohl daran hindern, dieses Zimmer zu verlassen und geradewegs zur Polizei zu gehen und dort alles zu berichten, was ich von Ihnen erfahren habe? Wahrscheinlich würden sie sogar Mariners Leiche finden.«
»Sehr wahrscheinlich«, sagte Harry. »Tun Sie, was Sie nicht lassen können. Doch sollten Sie in der nächsten

Stunde Ihre Ansichten ändern, kommen Sie getrost wieder her. Wir werden hier auf Sie warten.«

»Ich komme nicht zurück«, erklärte ich und öffnete die Tür zum Flur.

»Ich glaube doch«, rief Miss Fairborn mir nach. »So etwas haben Sie sich ja Ihr Leben lang gewünscht. Ich bin überzeugt, Sie werden es schließlich doch noch mit unseren Augen betrachten.«

Während ich den Korridor zu meinem Zimmer entlangging, war ich fest vom Gegenteil überzeugt. Ich verstand die ganze Sache nicht. Sie gaben zu, Mariner umgebracht zu haben. Um ihrer Sicherheit willen hätten sie auch mich beseitigen können. Wenn ihre Geschichte stimmte, war sie das Extrarisiko wert. Stattdessen machten sie mir diesen phantastischen Vorschlag – das Leben eines Toten zu führen. Warum nur? Ich konnte es nicht begreifen. Die Erleuchtung kam mir erst, als ich mein Zimmer betrat, genauer gesagt, als ich ins Bad ging und ihn dort in der Wanne liegen sah. Den Einschuß in der Stirn. Neben der Wanne lag das Kissen, durch das der Schuß gegangen war. An alles hatten sie gedacht. Das Kissen hatte den Knall gedämpft. Das war also der Grund, weshalb ich Harry in meinem Zimmer antraf. Er hatte Mariner mit meiner Pistole erschossen. Darum hatte er sie mir zurückgegeben!

Ja, jetzt war mir alles sonnenklar. Die Leiche lag in meinem Zimmer, die Waffe trug meine Fingerabdrükke. Ich hatte nach Mariner gesucht, bei allen Leuten nach ihm gefragt. Weglaufen konnte ich nicht mehr. Wenn ich aus dieser Lage herauswollte, dann nur mit ihrer Hilfe. Und das bedeutete, daß ich an Mariners Stelle treten mußte.

Nur wäre ich niemals dazu fähig, das gleiche wie

Mariner zu tun, dazu wußte ich zuviel von dem Ring. Ich würde niemals soviel Mut aufbringen und versuchen, auf eigene Faust Geld zu machen. Ich würde mein Leben lang Strohmann sein – oder bis zu dem Zeitpunkt, an dem die anderen genug Geld hatten.
Eine geschlagene Stunde dachte ich darüber nach. Aber lange ehe die Stunde abgelaufen war, hatte ich meinen Entschluß gefaßt.
Schließlich ging ich zu ihrem Zimmer zurück und klopfte an die Tür.
Miss Fairborn öffnete. Ihre großen Augen strahlten mich an.
»Ja, Sie haben es geschafft«, sagte ich. »Aber bringen Sie mich hier heraus – und schnell, bitte. Ich kann den Toten drüben nicht mehr ertragen ...«
Sie lächelte. »Selbstverständlich. Wir haben uns mit unseren Auftraggebern in Verbindung gesetzt, und damit sind alle Formalitäten für Sie erledigt. Verlangen Sie hier im Hotel einfach Ihre Rechnung, und dann machen Sie sich weiter keine Gedanken. Hier sind übrigens Ihre Anweisungen ...«
Seitdem sind drei Wochen vergangen. Inzwischen war ich in Detroit und Dallas, und jetzt bin ich auf dem Weg nach Kansas City. Man gab mir einen neuen Namen – Lloyd Jones – und alle dazu erforderlichen Papiere. Wohin ich auch komme, setzen sich Mitarbeiter mit mir in Verbindung und geben mir Verhaltensmaßregeln. Ich mache meine Abschlüsse und sitze dann in meinem Hotelzimmer. Es ist eine nicht enden wollende eintönige Mühle.
Wenn es nur das wäre, könnte ich es schon noch ertragen. Aber in letzter Zeit beunruhigt mich etwas anderes.
Ich muß immer daran denken, wie ich Mr. Mariner

aufgespürt habe. Ich war ehrgeizig. Ich wollte den Mann finden, der das Geheimnis besaß, wie man an der Börse die richtigen Geschäfte macht. Ich sah mich also um, und schließlich hatte ich ihn. Das Ergebnis war, daß ich an seinem Tod mitschuldig wurde, ihn zumindest beschleunigte.

Es ist jedoch nicht etwa mein Gewissen, das sich regt. Irgendwo, in irgendeiner Stadt muß es einen Menschen geben wie mich – ein kleines Arbeitstier mit großen Ideen. Und früher oder später wird dieser Knabe anfangen, nach dem geheimnisvollen Mann mit den goldenen Händen Ausschau zu halten. Mein Name wird ihm auffallen, und er wird die gleiche Entscheidung treffen wie ich damals.

Dann wird er nach mir suchen.

Sollte er mich finden – ach, ich erinnere mich noch zu gut an Mariner.

Es hat gar keinen Zweck davonzulaufen. Mein neuer Name hält mich gefangen. Ich kann nur warten, bis dieser Mann mich einholt. In der Zwischenzeit verdiene ich weiter Millionen. Ich tue, was mir immer vorschwebte, ich mache Mordsgeschäfte an der Börse. Aber das Opfer eines der nächsten Morde bin mit Sicherheit ich.

Blickfang

Dan J. Marlowe

Brent Wilson strich die Aufschläge seines Smokings glatt und trat an sein Wohnzimmerfenster. Es war ein Fenster, dessen überdimensionale Maße eher der Ladenfront eines Kaufhauses entsprachen als einem Appartement im ersten Stock eines Genossenschaftswohnblocks. Die starre Überraschung in den Blicken der Vorübergehenden tat ihm wohl, war doch alles, was sie von der Straße aus sahen, geeignet, ihnen Wilsons Meinung von sich selber nahezubringen. Sein riesiger Farbfernseher, die Hi-Fi-Anlage mit ihrer Unzahl blanker Knöpfe und Skalen, die auf Hochglanz polierten Möbel, alle modernes skandinavisches Design, die üppig bestückte Hausbar, die dezenten Lithographien an den Wänden – alles trug dazu bei, ihn als Mann von Welt auszuweisen, der noch ein wenig zu Hause ausspannte, bevor er zum Abendessen in einem seiner exklusiven Clubs aufbrach.

Wilson schwelgte in seinen allabendlichen Darbietungen, verriet aber durch nichts, daß er die Existenz des gaffenden Pöbels draußen auch nur vage zur Kenntnis nahm. Im Gegenteil. Er gab sich stets den Anschein, als trenne ihn nicht Glas, sondern eine undurchdringliche Wand von der Straße. Und doch hatte sein Gang, wenn er den Gegenständen in seinem prächtigen Zimmer seitlich auswich, etwas Gekünsteltes, wie der eines Schauspielers, der gelernt hat, seinem Publikum nie den Rücken zuzuwenden. Wilson genoß die Bewunderung seiner Zuschauer: Schon das leiseste Anzeichen, daß ein Passant – besonders eine Frau – ihn bemerkt hatte, bereitete ihm unendliches Vergnügen. Das Telefon klingelte, und er durchquerte gemächlich das Zimmer, um den Anruf entgegenzunehmen.

»Ist Mr. Wilson zu sprechen?« fragte eine belegte weibliche Stimme.

»Ja, am Apparat.« Das Telefontischchen stand mitten im Zimmer, und Wilson hob den Kopf, um den Faltenansatz am Hals zu straffen. Er stand im fünfunddreißigsten Lebensjahr und war sich seines beginnenden Doppelkinns nur zu bewußt.

»Mein Name ist Gilda.«

»Gilda?« Wilson legte die Finger seiner freien Hand mit der mimischen Geste des Nachdenkens an die Stirn. »Ich wüßte nicht...«

»Nein, wir sind uns noch nie begegnet. Ich wollte mich nur mal mit Ihnen unterhalten.«

Er behielt seinen liebenswürdigen Gesichtsausdruck bei, aber seine Stimme wurde schärfer. »Wenn Sie mir etwas verkaufen wollen – nein danke, ich habe keinen Bedarf.«

»Nicht doch!« protestierte sie. »Ich sehe Sie jeden Abend in Ihrem Wohnzimmer, da dachte ich, es wäre nett, auch einmal mit Ihnen zu reden. Habe sowieso beinahe das Gefühl, Sie schon lange zu kennen. Ich fand Ihren Namen im Mieterverzeichnis in Ihrer Eingangshalle, und Ihre Nummer habe ich aus dem Telefonbuch.«

Er überlegte, wo er sie einordnen sollte. Eine Verrückte natürlich, aber immerhin. Ihr Anruf war schmeichelhaft. »Dann erzählen Sie mir ein wenig von sich, Gilda.«

»Wollen Sie etwas über mein Aussehen wissen?« fragte sie. »Also, ich bin einsfünfundsechzig groß, wiege sechsundfünfzigeinhalb Kilo, habe natürliches blondes Haar und bin, zumindest nach Aussage meiner Freunde, recht attraktiv. Außerdem habe ich ein Diplom in Psychologie.«

»Also Schönheit *und* Verstand«, bemerkte er und setzte eine drollig schmachtende Miene auf. Ihrer Selbstbeschreibung nach war sie keineswegs abstoßend. »Würden Sie zu einem Drink herüberkommen?«

»O nein!« wehrte sie ab. »Treffen können wir uns nicht, das ist völlig ausgeschlossen. Aber wir können miteinander plaudern. Offen und ausgiebig. Darauf freue ich mich schon.«

Also tatsächlich übergeschnappt, entschied er. »Aber wenn Sie vorbeikämen, könnten wir uns die Gespräche sparen, oder?«

Sie gluckste. »Sie gehen aufs Ganze, was? Wir – Ich muß auflegen«, unterbrach sie sich. »Ich rufe morgen abend wieder an. Um acht.«

Am folgenden Abend baute er sich in nachdenklicher Pose neben dem Bücherregal in der Nähe des Telefons auf, aber ihr Anruf kam erst um zehn nach acht.

»Sie haben bestimmt schon gedacht, ich würde mich nicht mehr melden«, sagte sie munter.

Er war ärgerlich auf sie, weil sie ihn hatte warten lassen, und auf sich selbst, weil er wirklich gewartet hatte. »So wichtig habe ich die Sache kaum genommen«, erwiderte er steif.

»Das klingt ja, als hätten Sie es sich nicht mal bequem gemacht für unser Gespräch«, meinte sie. »Ich habe mir einen Highball gemixt, bevor ich Ihre Nummer wählte. – Da! Hören Sie das?« Das helle Klirren von Eiswürfeln gegen Kristall drang an sein Ohr. »Machen

Sie sich doch auch einen Drink an Ihrer netten kleinen Bar. Dann können wir in aller Gemütlichkeit schwatzen.«
»Eine gute Idee«, lenkte er ein und legte den Hörer auf den Tisch. Die Bar befand sich am anderen Ende des Zimmers, denn Wilson hatte die Möbel, um seinem Publikum einen möglichst gefälligen Anblick zu bieten, ohne Rücksicht auf seine eigene Bequemlichkeit arrangiert. Er schenkte zwei Zoll eines dunkelgoldenen Bourbon aus einer Kristallkaraffe in ein Glas und fügte einen Spritzer Soda aus einer Siphonflasche des gleichen Schliffs hinzu. »So, das ist schon angenehmer«, sagte er in die Sprechmuschel.
»Fein!« rief sie lebhaft. »Habe ich Ihnen gestern übrigens erzählt, daß ich sehr intelligent bin? Ich war während meiner ganzen Studienzeit eine der Besten meines Jahrgangs. Bekam phantastische Noten.«
Die Vision einer fünfundvierzigjährigen Schreckschraube drängte sich plötzlich in Wilsons Vorstellung. »Wann haben Sie denn das College abgeschlossen?« fragte er.
»Vor drei Jahren.«
Er setzte sich mit dem Gesicht zum Fenster in einen Ledersessel, nippte an seinem Glas und kreuzte die Beine. »Wollen Sie nicht doch einmal abends bei mir hereinschauen?«
»Nein doch! Mein Mann würde schon hochgehen, wenn er wüßte, daß ich auch nur mit Ihnen *rede*.«
Eine dieser frustrierten Hausfrauen also, dachte er zynisch. »Ich wußte nicht, daß Sie verheiratet sind.«
»Bereits seit meinem ersten Studienjahr. Die Waschmaschine im Studentinnenheim ging kaputt, und Steve kam und reparierte sie.« Sie machte eine winzige Pause. »Er ist der dümmste Mann der Welt.«

Eine Frau war vor dem großen Fenster stehengeblieben, so dicht, daß sie sich beinahe die Nase an der Scheibe platt drückte. Wilson streckte die linke Hand vor und warf einen Blick auf seine superflache Armbanduhr. Der Ausdruck der Frau wurde plötzlich verlegen, und sie hastete davon. Wilson lächelte.
»Warum haben Sie ihn geheiratet, Gilda, wenn Sie so über ihn denken?«
»Anfangs spielt der Sex natürlich die Hauptrolle, Sie Dummchen. Er ist immerhin ein schönes Exemplar der Spezies. Ein Jäger, wissen Sie. Fühlt sich draußen am wohlsten. Aber allmählich haben wir uns nichts mehr zu sagen.«
»Dann stünde Ihnen doch immer noch die Scheidung offen«, meinte er, stellte die Beine nebeneinander und kreuzte sie andersherum.
»Das wäre in unserem Fall unmöglich.«
»Wieso unmöglich?«
»Weil er mich zu sehr als seinen persönlichen Besitz ansieht«, sagte sie. »Das weiß ich. Vergessen Sie nicht, daß ich Psychologie studiert habe.«
Ein Mann mittleren Alters hatte vor dem Fenster haltgemacht, und Wilson nahm ihm zuliebe einen langen, tiefen Schluck aus seinem Glas. Der Mann blieb noch einen Augenblick stehen, dann ging er zögernd weiter.
»Was sollen Sie denn sonst tun?«
»Ich sagte Ihnen doch, daß ich nicht auf den Kopf gefallen bin. Ich habe mir etwas anderes ... Oh, er ist an der Tür. Gute Nacht.«
»Morgen?« fragte Wilson rasch.
»Mmmmm«, hörte er nur noch, dann klickte es in der Leitung.
Am nächsten Abend legte Wilson seinen kastanien-

braunen Hausrock an und mixte sich einen Drink, während er auf ihren Anruf wartete. Sie war pünktlich auf die Sekunde.

»Hallo!« meldete sie sich. »Ich bin's. Gilda.«

»Sie scheinen – erregt. Haben Sie getrunken?«

»Nein. Ich bin ganz einfach glücklich. Mein Problem ist gelöst.«

»Hat Steve in die Scheidung eingewilligt?«

»Ach wo. Außerdem gibt's bei Scheidungen meist einen Haufen Komplikationen. Nein, ich habe einen besseren Ausweg gefunden. Ich habe Steve von Ihnen erzählt. Von unseren Gesprächen und daß wir uns lieben und heiraten wollen.«

»Sie bilden sich hoffentlich nicht ein, daß an diesen Behauptungen auch nur ein Funken Wahrheit ist?« fragte er, kalte Wut in der Stimme.

»Aber natürlich nicht!« sagte sie. »Als ob ich je daran denken würde, *Sie* zu heiraten! Sie treiben es ja beinahe so schlimm wie Steve mit seiner Kraftmeierei, wie Sie sich da Abend für Abend in Ihrem Fenster produzieren. In meinen Augen sind Sie der narzißtischste, egozentrischste, albernste ...« Sie schien kein Ende zu finden.

Wilson fuhr – diesmal ohne jeden Gedanken an den Eindruck, den das auf mögliche Zuschauer machen konnte – mit einem ungelenken Satz von seinem Sessel hoch. »Nun hören Sie mir mal gut zu, Sie... Sie Weibsstück«, begann er.

Ihr heiseres Lachen unterbrach ihn. »Steve ist sehr eifersüchtig, sehr primitiv und sehr aufgebracht. Leben Sie wohl, Mr. Wilson.«

»Leben Sie wohl? Was soll das...«

Am Bordstein vor dem großen Fenster kam eine blaue Limousine mit kreischenden Bremsen zum Stehen,

und ein Mann sprang heraus. Der lange Lauf der Flinte, die er am Kolben hielt, schleifte hinter ihm her. Schweiß perlte auf Wilsons Stirn, und seine Stimme verzerrte sich zu einem wilden Angstschrei. »Gilda!«
»Ich rufe jetzt die Polizei an«, sagte sie ruhig. »Dann hat er nicht die kleinste Chance, sich aus dem Staub zu machen.«
Wilson blieb wie versteinert stehen, als sich der Lauf der Flinte in seine Richtung bewegte. Er sah die gelbrote Flamme, die aus der Mündung geschossen kam und das überdimensionale Fenster mit einem Spinnwebmuster überzog. Ein schweres Gewicht schlug gegen seine Brust, und er sank langsam zu Boden auf den Orientteppich, wo er mit bizarr verdrehten Gliedern liegenblieb, während sich die Vorderseite seines kastanienbraunen Hausrocks dunkel verfärbte.

Do it yourself

Charles Mergendahl

»Bitte, Norman, *bitte!*« schnarrte es gereizt aus der Hörmuschel. »Ich habe dir eine simple Frage gestellt und will eine klare Antwort. Hast du das Wasser im Swimmingpool gewechselt oder nicht?«
»Hör zu, Corliss ...«
»Du hast *versprochen*, du würdest es tun. Der Pool war schon am Sonnabend dreckig, und heute ist *Dienstag*.«
»Ich weiß, was ich dir versprochen habe, und ich weiß, daß heute Dienstag ist. Darüber will ich ja mit dir reden.« Mr. Pimsley hielt die Sprechmuschel näher an den Mund und befeuchtete die Lippen. Seine Stimme sank zu einem heiseren Flüstern ab. »Corliss ... bringst du Gregg heute abend wieder mit?«
»Wieso? Er kommt doch jeden Dienstag.«
»Ja, aber heute geht es nicht. Ich muß mit dir sprechen, Corliss. Ich meine ... du hast nun schon so lange ...«
»Wiederhören«, sagte Corliss.
Es klickte in der Leitung.
Mr. Pimsley legte auf, blieb aber noch lange grübelnd am Telefontischchen sitzen. Ja, dachte er. Gregg kommt wie jeden Dienstag. Und: Wann hört das endlich auf? Es war unerhört – einfach empörend –, wenn die eigene Frau einem dreimal die Woche einen jungen Schwimmlehrer ins Haus schleppte. Um ihr Unterricht zu erteilen, wie Corliss behauptete, aber er hörte die beiden nie, wenn sie draußen im Dunkeln

ihre Schwimmstunden abhielten, während er allein und am ganzen Leibe zitternd im Wohnzimmer wartete und angstvoll in die Sommernacht hinauslauschte. Natürlich wußte er, was es mit diesem Schwimmunterricht auf sich hatte, wußte, daß die beiden im stillen, dunklen Wasser des Beckens ihren Spott mit ihm trieben.

Mr. Pimsley war ein rundlicher Mann mit beginnender Glatze. Einen Versager nannte ihn Corliss. Dabei war er ein ausgezeichneter Gärtner, ein beinahe professioneller Möbeltischler, ein erstklassiger Maurer. Schließlich hatte er dieses Haus praktisch ohne fremde Hilfe gebaut – nur für Corliss. Er hatte Rosen gezüchtet, American Beauty, und in seinem kleinen Gewächshaus auch zarte Orchideen – alles für Corliss. Und letztes Jahr – Mr. Pimsleys Glanzstück – ein wunderhübsches nierenförmiges Schwimmbecken – für Corliss und diesen arroganten blonden Adonis, Gregg Muller.

Bitte nicht, Corliss ... nicht heute abend. – Mr. Pimsley watschelte durch das Wohnzimmer mit der gotisch gewölbten Decke und schob seine kleine Gestalt durch die Fenstertür auf die Terrasse vor dem riesigen Blumenfenster. Es wurde bereits Abend. Im Gras hatte das kratzende Zirpen der Grillen eingesetzt, und der Himmel bezog sich so rasch mit dunklen Wolken, daß Mr. Pimsley auf Regen hoffen konnte. Wenn es regnete, wäre alles in Ordnung. Dann würden Corliss und Gregg nicht schwimmen gehen.

Er trat an den Rand des Beckens, starrte abwesend auf die Lichtpunkte hinunter, die über die schwarze Oberfläche huschten, und versuchte, sich vorzustellen, was genau dort unten jeden Dienstag-, Donnerstag- und Samstagabend passierte. Von seinem Sessel

im Wohnzimmer aus sah er nur die Lampen, die sich im Glas des Blumenfensters spiegelten, hörte nur Greggs wildes »Yippieeeh«, mit dem er vom Ende des Sprungbretts federte. (Er macht immer einen Eineinhalb-Salto, prahlte Corliss.) Dann kam der Platscher, mit dem er eintauchte, dann Corliss' Ruf: »Paß auf, Gregg, ich komme!« und das leichtere, graziösere Scheppern des Brettes, das leisere Aufklatschen, und dann nur noch Stille... unergründliche, nicht enden wollende Stille.
Was *taten* sie hier im stillen, schwarzen Wasser? »Er bringt mir den ›toten Mann‹ bei«, erklärte Corliss manchmal mit einem Lächeln. Oder: »Wir üben Unterwasserschwimmen, was denn sonst?« Aber womit verbrachten sie die Zeit *wirklich?* Woher stammte die lange Schramme auf Greggs muskulöser Schulter? Einmal war er sogar mit einem Lippenstiftfleck einen Zentimeter unter dem Mund ins Haus zurückgekommen. Am schlimmsten aber peinigte Mr. Pimsley die Frage, warum er selbst nicht Manns genug war, das Treiben zu verbieten – oder zumindest hinauszugehen und sich endgültige Gewißheit zu verschaffen, wie ihm das als Ehemann zustand.
Nun ja, er brachte den Mut dazu nicht auf. Eine Zeitlang hatte er geplant, den Pool mit Lampen zu umgeben, um die beiden mühelos aus der Sicherheit des Wohnzimmers beobachten zu können. »Die Leute lassen ihre Schwimmbecken jetzt alle mit Lampen ausstatten«, hatte er wie beiläufig hingeworfen. »Das ist die neueste Mode, Corliss.« Aber sie hatte nur ihr hämisches Lächeln aufgesetzt und protestiert. »Du hast den Pool für mich gebaut, also gehört er *mir*, und ich hab keine Lust, mich in *meinem* Pool von Scheinwerfern anstrahlen zu lassen, damit basta!«

Nein, natürlich nicht, Corliss. Du ganz bestimmt nicht. – Mr. Pimsley riß sich vom Anblick des Wassers los, das seine dunklen Geheimnisse ja doch nicht preisgab, überließ sich noch einmal den Geräuschen des Sommerabends und kehrte ins Wohnzimmer zurück.

Er setzte sich in seinen Sessel und wartete. Wartete, brütete, besann sich auf Einzelheiten. Es dauerte nicht lange, bis er vor geballter Wut und Hilflosigkeit zu zittern begann. Es war ein Zittern, das seinen ganzen runden kleinen Körper erschütterte. Abrupt stand er auf, öffnete die Schreibtischschublade und nahm einen Revolver heraus. Es war ein japanisches Kriegssouvenir, schlecht gearbeitet, kleinkalibrig und mit niedriger Mündungsgeschwindigkeit. Aber einen Mann würde es trotzdem umbringen – selbst einen kräftigen jungen Mann. Und eine Frau auch.

Ein Wagen schwenkte in die Einfahrt ein, und Mr. Pimsley verstaute die Waffe hastig wieder in der Schublade. Er war erleichtert, daß er vorerst nicht weiter über dieses Kapitel nachdenken konnte. Natürlich hätte sein Haß gegen Gregg Muller ausgereicht, um ihn zu töten, und natürlich trieb Corliss ihn mit ihrer höhnischen Verachtung an den Rand des Wahnsinns, aber er würde nicht so hirnverbrannt sein, sich durch eine dumme, unüberlegte Eifersuchtstat auf den elektrischen Stuhl zu bringen.

Die Vordertür schwang auf. Corliss trug ein rosa Nachmittagskleid, das ihre gebräunten Arme freiließ. Langes Blondhaar umrahmte ihr junges Gesicht mit den hellblauen Augen und dem roten Schmollmund. Direkt hinter ihr tauchte Gregg auf, breitschultrig und groß. Er überragte sie um die Länge seines Lockenkopfes. Sein grell kariertes Jackett zu Sporthose und Sporthemd gehörte zu der Art von Kleidungsstücken, in denen sich nur junge, gutgewachsene Männer ungezwungen bewegen konnten.

»Du *wußtest*, daß heute Dienstag ist«, blaffte Corliss. Sie durchquerte das Wohnzimmer und drehte sich vor der Badezimmertür noch einmal um. »Und du *wußtest*, wie verdreckt das Wasser schon am Sonnabend war. Und dann dieses Theater am Telefon. Dazu hattest du wirklich keinen Grund.«

»Ich habe kein Theater gemacht, Liebes.«

»Ach – papperlapapp!«

»Ich dachte nur … ich dachte, du würdest dieses eine Mal … na ja, du könntest vielleicht auch einmal allein nach Hause kommen.«

»Mach ich aber nicht. Und hör um Himmels willen auf, dich vor Gregg mit deiner Bettelei lächerlich zu machen.«

Corliss trippelte ins Badezimmer und schloß sich ein.

»Ich habe den Eindruck, Sie halten nicht viel von mir, Mr. Pimsley«, bemerkte Gregg. »Komisch, wenn man bedenkt, daß ich Ihre Frau *gratis* unterrichte.« Er lachte auf, männlich, zynisch, herausfordernd, und wirbelte herum. »Wetten, daß ich vor dir fertig bin, Cor?« Damit sprintete er aus dem Zimmer.

Mr. Pimsley wartete. Das Zirpen der Grillen drang nur noch gedämpft und wie von fern an sein Ohr. Die Schreibtischschublade war einen Spaltbreit offengeblieben, und wenn er wollte, wenn er *müßte*, könnte er sie mit einem Griff aufziehen, den Revolver herausholen und … Nein, dachte er. Zwing mich nicht dazu, Corliss. Bitte, bitte, zwing mich nicht dazu.

Einen Augenblick später kam Gregg, wie üblich in einer knappen roten Badehose, aus dem Gästezimmer zurück. Wie eine Statue sieht er aus, dachte Mr.

Pimsley. Wie aus Bronze, glatt und muskulös – und ebenso fühllos. Gregg würdigte ihn keines Blickes. »Mach schon, Cor!« rief er gegen die Badezimmertür. Dann, unvermittelt, ging er auf dem Teppich in den Handstand und balancierte in dieser Pose eine Weile im Zimmer auf und ab. Als ob er hier zu Hause wäre, durchfuhr es Mr. Pimsley, während er ein Auge zukniff und überlegte, ob es wohl schwierig wäre, einen Mann im Handstand ins Herz zu treffen. Der lockige Hinterkopf würde eine bessere Zielscheibe abgeben, entschied er. Eine sehr gute sogar.

Corliss trat in dem weißen zweiteiligen Badeanzug ein, der die weichen Rundungen ihres geschmeidigen Körpers voll zur Geltung brachte. »Spiel nicht verrückt, Gregg«, sagte sie und lachte, und Gregg, noch immer verkehrt herum, entgegnete: »Nur eine kleine Lockerungsübung, Cor, bevor wir zur eigentlichen Handlung schreiten.«

Mr. Pimsley registrierte Corliss' feuchtglänzende Lippen und den Blick, mit dem sie Greggs Körper beäugte.

Gregg ließ sich abrupt auf die Füße fallen und richtete sich auf. Seine Augen glitten genießerisch und mit ungenierter Vorfreude über Corliss, dann war er mit einem Satz durch die Tür auf der Terrasse und rannte zum Pool hinunter.

Corliss schlenderte ihm nach.

»Liebes«, begann Mr. Pimsley. Sie blieb stehen, schob eine blonde Strähne unter ihre weiße Badekappe, und ihr Anblick, wie sie, das Gewicht auf ein Bein verlagernd, dastand, erinnerte ihn an jene seltenen intimen Augenblicke, die nun schon ein paar Jahre zurücklagen. Damals, vor ihrer Hochzeit, hatte sie ihm Versprechungen gemacht, die zu halten sie nie beabsich-

tigt hatte. »Bitte, Liebes ... laß mich heute nicht allein.«
Sie lachte. Draußen wippte das Sprungbrett unter Greggs Füßen in klapperndem Rhythmus auf und ab.
»Bitte«, wiederholte Mr. Pimsley. »Bitte geh nicht. Ich glaube, es fängt gleich an zu regnen.«
»Ach was, heute abend regnet es nicht.«
»Dann ... dann setz dich noch eine Weile. Warte nur noch ein paar Minuten ...«
»Wenn du schwimmen könntest, würde ich es mir vielleicht überlegen«, höhnte sie. »Aber du sackst ja sofort weg wie ein Stein. Wenn du nicht so fett und so alt wärest, ja, dann ... Wenn du wenigstens Tennis spielen oder sonst irgend etwas könntest, was man von einem Mann erwarten darf.«
»Wieso?« protestierte Mr. Pimsley. »Ich kann immerhin einiges. Wie du weißt, verstehe ich etwas von Blumenzucht, und in der Werkstatt bringe ich auch allerhand zustande. Ich meine, bloß, weil ich älter bin als Gregg ... wenn man älter wird, sucht man sich eben andere Hobbys.«
»Genau, du oller Bastel-Heini!« schnaubte sie und ging auf die Terrassentür zu. »Mach weiter mit deinem Do it yourself!«
Er schnellte aus seinem Sessel hoch und machte einen Schritt hinter ihr her. »Bitte nicht, Corliss! Ich flehe dich an!«
Sie drehte sich zu ihm um, starrte ihm mit offener Verachtung ins Gesicht. »Bettle nicht, Norman! Bloß das nicht!«
Das Scheppern draußen endete mit einem letzten polternden Zurückfedern des Brettes. Gregg stieß sein hohes, langgezogenes »Yippieeeh« aus, ein kurzer Augenblick der Stille folgte, und dann ein leises Plat-

schen.
»Ein Eineinhalb-Salto«, kommentierte Mr. Pimsley.
»Herrlich«, sagte Corliss schwärmerisch. »Wie vollendet schön er alles macht.« Sie wandte sich ab, und Mr. Pimsley wußte, daß er sagen konnte, was er wollte, sie würde zu Gregg hinausgehen – wie letzten Sonnabend und letzten Donnerstag und letzten Dienstag. Wie schon seit Wochen – während er in die Stille hinaushorchte und in seine einsamen Grübeleien versank. Aber Mr. Pimsley wußte auch, daß er es nicht noch einmal zulassen konnte.
»Corliss!« stieß er hervor, machte eine Bewegung zur Schublade, ergriff den Revolver und zielte auf den nackten Rücken seiner Frau.
Corliss warf einen Blick über ihre Schulter und drehte sich zu ihm um. Ihr Mund verzog sich zu einem leichten Lächeln. »Aber, aber! Mit Waffen spielt man nicht. Das könnte gefährlich werden, Kleiner.«
Mr. Pimsleys Hand zitterte. Er starrte wie gebannt auf die gebräunte Haut zwischen den winzigen Stoffstreifen ihres Bikinis. Falls er tatsächlich abdrückte, würde mitten in der seidenweichen Hautfläche ein häßliches rotes Loch erscheinen. Er schloß die Augen, preßte die Lider fest zusammen und öffnete sie wieder. »Corliss«, keuchte er. »Ich habe dich gebeten ... ich habe gebettelt und gefleht ... Nun kann ich dir nur noch drohen. Geh heute nicht schwimmen, sonst ...«
Sie lächelte noch immer. »Was ist an heute denn so besonders?«
»Corliss ... hör zu ... so etwas staut sich an ... ganz allmählich ... bis man es plötzlich nicht mehr aushält.«
»Ach was, Norman, du hältst es schon noch aus.«
»Corliss, ich beschwöre dich ... wenn du noch eine Bewegung zur Tür machst, werde ich ... muß ich ...«

»Was mußt du?«
»Dann muß ich dich töten.«
Corliss musterte ihn einen Augenblick lang durch verengte Lider. Dann, unvermittelt, lachte sie auf, wiehernd, spöttisch, ohne jede Angst. »Soll ich dir mal was sagen, Liebling? Nur, damit du Bescheid weißt: Eher laß ich mich erschießen, als daß ich noch eine Minute länger bei dir bleibe.«
Mr. Pimsley senkte den Revolver. »Bedeutet dir das Zusammensein mit ihm so viel?«
»Ja, *so viel*«, bestätigte Corliss und tastete sich rückwärts zur Tür.
Er blickte ihr durch halbgeschlossene Lider nach, und ihr Bild begann hinter seinen aufsteigenden Tränen zu verschwimmen. Der Revolver baumelte vom Zeigefinger seiner erschlafften Hand. Er sank in einen Sessel und legte den Kopf in die Hände, übermannt von der endgültigen Erkenntnis seiner Ohnmacht. Sogar Drohungen hatten nichts genützt. Und er hatte doch alles versucht. Gott wußte, daß er alles versucht hatte.
Er hörte ihr verhaltenes, mokantes Lachen und das weiche Tappen ihrer bloßen Füße, das sich über die Terrasse entfernte, hörte ihre Stimme: »Ich komme, Gregg«, und: »Jetzt aber! Paß auf!« Ein kurzes Rütteln des Sprungbretts folgte, ein leises Aufklatschen, dann Stille. Das Zirpen der Grillen drang wieder in sein Bewußtsein und vertiefte das geheimnisgeladene Schweigen, dehnte es aus ins Unendliche – bis er es nicht länger ertrug, keine Minute länger.
Er stand auf, legte den Revolver in die Schublade zurück und bewegte sich sachte auf die Terrassentür zu. Wie kraftlos sich seine Beine anfühlten! Unter seinem Hemd brach ihm der Schweiß aus, während er in der Tür stand und angestrengt lauschte. Dann

schlich er sich vorsichtig, unbemerkt, über die Terrasse in den Garten und zum Rand des Beckens. Das hatte er noch nie getan, hatte nie gewagt, ihre Zweisamkeit zu stören. Aber heute war alles anders. Sie hatten endlich klare Fronten geschaffen, und jeder wußte, woran er war. Er hatte gebeten, gefleht, gedroht, alles umsonst. Sie hatte zu Gregg gewollt, hatte lieber sterben wollen, als bei ihrem Ehemann zu bleiben. »Corliss«, flüsterte er in seinem Innern. »O Corliss ...« Er machte einen letzten Schritt, richtete sich in der tiefen, schmerzhaften Stille noch einmal auf und beugte sich hinunter über den Rand des nachtdunklen Beckens.

Zuerst sah er nichts, nur das schwarze Wasser, das sich gegen die noch tiefere Schwärze der Nacht abhob. Aber dann, im nächsten Augenblick, erspähte er die beiden Gestalten.

Er zuckte zurück, konnte ihren Anblick nicht ertragen. Ein Schluchzen schnürte ihm die Kehle zu, während er auf das Haus zustolperte, ohne auf den Lärm seiner Tritte zu achten. Corliss und Gregg hatten einander und würden ihn ja doch nicht hören.

Er setzte sich ins Wohnzimmer, und durch das monotone Geräusch der Grillen hindurch kroch die Stille erneut an ihn heran. Er wartete ... wartete ... zitternd, schwitzend, spürte Übelkeit im Mund, im ganzen Körper. Endlich, als die Stille ihn zu zerreißen drohte, stand er auf und wankte zum Telefon.

Er wählte mit zitternder Hand und brachte zuerst keinen Ton heraus. Aber endlich faßte er sich so weit, daß er sich stammelnd, halb erstickt, verständlich machen konnte. »O Gott ... Ich wollte ... Ich hab alles versucht ... Und nun ist es zu spät.« Sein Stammeln ging in einen verzweifelten Wortschwall über. »Ich

meine, ich wollte Lampen anbringen, aber sie ließ es nicht zu, und ich war gerade dabei, das Wasser zu wechseln, tat ja nur, worum sie mich gebeten hatte, war bloß noch nicht fertig damit, das alte war noch nicht ganz abgelaufen, und es waren nur noch wenige Zentimeter im Becken, nur noch wenige *Zentimeter*, verstehen Sie, und so stockdunkel, wie es heute abend ist, und wo sie nicht *wußten*...«
Der Polizeisergeant versprach, sofort eine Streife zu ihm zu schicken, und fügte hinzu: »Machen Sie sich vor allem keine Vorwürfe, Mr. Pimsley. Sie dürfen sich keine Vorwürfe machen.«
»Danke«, schluchzte Mr. Pimsley auf. Er legte den Hörer auf die Gabel, blieb eine Weile reglos vor dem Apparat sitzen, dann senkte er das Gesicht in die Hände und brach in haltloses Weinen aus. Dabei habe ich doch alles getan, um sie zu retten, sagte er sich wieder und wieder... alles menschenmögliche. Er hatte gebettelt und gefleht, er hatte befohlen und gedroht. Aber sie hatte Greggs Gesellschaft seiner eigenen vorgezogen. Lieber tot als noch eine Minute bei dir, hatte sie gesagt. Also hatte er sich wirklich nichts vorzuwerfen. Nein, er hatte keinen Grund, sich je Vorwürfe zu machen.

Tod mit Verzögerung

John Lutz

Dale Buzzly trank im Salon des Hockley Building einen Aperitif, als er ihn erspähte – den immer noch geschniegelten und schneidig aussehenden Phillip Curtendon aus vergangenen Collegetagen.
Von seinem Platz in einer Ecknische aus beobachtete Buzzly seinen alten Bekannten. In den fünf Jahren, in denen sie sich nicht gesehen hatten, war Curtendon korpulenter geworden, doch in den blaßblauen Augen lag derselbe halb lässige, halb ungeduldige Blick, die Nase wirkte auch jetzt noch zu gerade, viel zu schön. So sah ein Erfolgsmensch aus, und Buzzly wußte sofort, was Curtendon im Salon des Hockley Building suchte.
Curtendon entdeckte Buzzly, machte ein erstauntes Gesicht, faßte sich wieder und steuerte dann auf die Ecknische zu. Buzzly erhob sich, lächelnd und mit ausgestreckter Hand.
»Na so was, Dale Buzzly!« grüßte Curtendon, während sie einander herzlich die Hand schüttelten.
»Phil Curtendon«, entgegnete Buzzly. »Was zum Kukkuck treibst du *hier?*«
Ohne eine Miene zu verziehen, nahm Curtendon Platz. »Ach, hin und wieder halte ich mich abends hier auf.«
Buzzly trank seinen Martini aus, vergewisserte sich, daß Curtendon das gleiche Getränk bevorzugte, und

bestellte bei Billy, dem Barkeeper, zwei neue.
»Womit beschäftigst du dich jetzt, Phil?« erkundigte er sich.
»Ich bin eine Art Firmenrepräsentant«, gab Curtendon zurück. »Die Tätigkeit ist schwer zu beschreiben, aber ich verdiene gut.«
Buzzly lächelte. »Das ist die Hauptsache.«
Die Bedienung brachte die beiden Martinis, und sie schwiegen, bis das Mädchen sich wieder entfernt hatte.
Buzzly nahm einen Schluck und begann, den schlanken Stiel des Glasses zwischen den Fingern zu drehen. »Komisch, daß wir uns nicht schon früher getroffen haben. Ich halte mich nämlich ziemlich oft hier auf.«
Curtendon zuckte mit den Schultern. »Zufall, würde ich sagen.«
»Aber du wohnst nicht hier, oder?«
»Nee. Ich besitze ein Appartement im Westend.« Curtendon wandte den Blick ab und nippte an seinem Martini. »Und wo wohnst du, Dale?«
»In diesem Gebäude. Vom fünften Stockwerk an aufwärts haben sie Appartements hier. Ich wohne auf der siebten Etage.«
Curtendon gab sich angemessen überrascht. »Hm, gute Adresse.«
»Ja, wirklich«, erwiderte Buzzly lahm.
Curtendon räusperte sich. »Ein himmelweiter Unterschied zu unseren Zimmern in dem alten Studentenwohnheim, nicht?« Schmunzelnd betrachtete er sein Glas. »Eines Tages wird man diese Buden...«
»Das sind jetzt beinahe zehn Jahre her.«
»Erinnerst du dich noch an Professor Newcombe?« fragte Curtendon. »Und an Molly Wallace?«
»Molly Wallace habe ich nie vergessen«, antwortete

Buzzly. »Weißt du, Phil, damals konnte ich dich im Grunde nicht ausstehen.«
Auf diese Äußerung reagierte Curtendon heftiger, als Buzzly es je für möglich gehalten hätte.
»Das ist aber ein starkes Stück, Dale. Immerhin haben wir uns eine Zeitlang sogar ein Zimmer geteilt.«
»Stimmt«, räumte Buzzly ein. »Vielleicht freundeten wir uns nur deshalb miteinander an. Damals warst du mir in jeder Hinsicht überlegen, Phil. Du warst der bessere Sportler, bekamst die besseren Zensuren, fuhrst den besseren Wagen, sahst besser aus ... ich kann gar nicht mehr zählen, wie viele Mädchen du mir abspenstig gemacht hast.«
Curtendon lachte, doch es klang nicht humorvoll. »Na ja, die Frau, die dir wirklich etwas bedeutete, hast du nicht an mich verloren.« Er spielte mit dem billigen Diamanten, den er am linken Ringfinger trug. »Wie geht es Babs?«
»Ich wundere mich, daß du nicht schon eher nach ihr gefragt hast«, entgegnete Buzzly. »Schließlich wart ihr mal miteinander verlobt.«
»Tja, alter Kumpel, diese eine hast du mir abgenommen, und das liegt jetzt sechs, sieben Jahre zurück. Vorbei ist vorbei.«
»Du scheinst sehr schnell zu vergessen, Phil.«
Curtendon schüttelte den Kopf. »Ich weiß nur, wann ich verloren habe und daß es keinen Sinn hat, sich über eine Niederlage zu grämen. Diese Einstellung hast du nie gelernt, Dale.«
Buzzly hob die Schultern und ließ sie wieder sinken. »Manche Menschen sind wohl von Natur aus nachtragend.«
»Mag sein. Nun, wie geht es Babs?«
»Sie ist tot. Vor zwei Jahren beging sie Selbstmord.«

Während Buzzly sprach, ließ er Curtendon nicht aus den Augen. Auf den ebenmäßigen Zügen zeichnete sich Erschrecken ab, und vor Überraschung begann Curtendon sogar zu grinsen. Dann senkte sich das endgültige Begreifen in sein Bewußtsein, und die erwartete Traurigkeit legte sich über Curtendons Gemüt. Doch das reichte Buzzly nicht.

»Sie litt unter Depressionen«, fuhr er fort, »war lange Zeit selbstmordgefährdet. Es handelte sich um eine regelrechte Todessehnsucht. Sie konsultierte alle möglichen Ärzte und nahm jede Menge Medikamente ein. Drei Jahre lang ging das so. Sie versuchte mehrere Male, sich umzubringen, und eines Tages gelang es ihr.«

»Das ist schwer zu fassen«, sagte Curtendon mit wenig überzeugendem Entsetzen. »Sie war immer so –«

»Lebenslustig?« ergänzte Buzzly.

Verärgert über die Unterbrechung, sah Curtendon ihn an. »Ja. Ich kann gar nicht glauben, daß es sie nicht mehr geben soll.«

»Nun«, fuhr Buzzly fort, »es wurde alles menschenmögliche getan, um diesen Schritt zu verhindern, aber« – in einer Geste der Resignation legte er seine Hände auf die Tischplatte – »eines Tages passierte es.«

»Ein Jammer«, meinte Curtendon. Der Kummer war nun gänzlich einer kaum verhohlenen Wut gewichen, und Buzzly verspürte die erhoffte Befriedigung.

Curtendon kippte den Rest seines Martinis hinunter, stand auf und knöpfte sich das tadellos sitzende Sportjackett zu. »Ich muß mich verabschieden, Dale. Auf mich wartet eine Menge Arbeit.«

»Möchtest du wirklich nicht noch auf einen Drink bleiben?« fragte Buzzly. Ihm fiel auf, daß Curtendons Hemd ungebügelt und die Krawatte schlecht gebun-

den war.
»Nein«, lehnte Curtendon ab, während er sich seitwärts aus der Nische schob. »Ich möchte gern, aber es geht leider nicht.«
»Laß dich mal bei mir blicken. Jetzt weißt du ja, wo ich wohne«, schlug Buzzly vor, indem er sich erhob. »Appartement 742.« Aus der Jackettasche zog er einen Kugelschreiber und einen Zettel.
»Ich behalt's im Kopf«, versetzte Curtendon trocken. »Bis ein andermal, Dale.« Er setzte ein gekünsteltes Lächeln auf und ging.
Im Stehen leerte Buzzly sein Glas. Dann schritt er zur Bar hinüber.
Mit einem weißen Lappen polierte Billy die Theke.
»Haben Sie den Burschen, mit dem ich dort drüben an dem Tisch saß, schon häufiger hier gesehen?« fragte Buzzly.
»Ich sah ihn heute zum erstenmal.«
»Mir erzählte er, er käme oft hierher.«
Billy hängte das Tuch an einen Haken, den man vom Tresen aus nicht sehen konnte. »Vielleicht meinte er damit nur, daß er sich in dem Gebäude aufhält. Aber wenn er den Salon aufsucht, dann muß es in der Zeit sein, wenn ich dienstfrei habe, und ich arbeite von fünfzehn Uhr bis Mitternacht. Soviel ich weiß, war er heute zum erstenmal hier.«
»Einmal zuviel«, murmelte Buzzly.
»Was haben Sie gesagt, Mr. Buzzly?«
»Ach, nichts. Ich mache mir nur gerade Gedanken über ihn. Wir kennen uns vom College her.« Er drehte sich um und verließ den Salon. Er durchquerte das Foyer und ging zu den Aufzügen. Dann drückte er auf einen Knopf und wartete.
Der Fahrstuhl hielt in der siebten Etage. Buzzly schritt

den gekachelten Gang entlang zu Appartement 742. Er wußte, daß die Tür nicht abgesperrt war, und ohne zu zögern trat er ein.

Babs hatte bereits den Abendbrottisch gedeckt. »Hallo, Liebling«, grüßte sie, mit zwei Gläsern Eistee aus der Küche kommend. »In ein paar Minuten können wir essen.«

Buzzly lächelte ihr zu. Sie war eine attraktive Frau in der Blüte ihrer Jahre. Lediglich die scharfen, tief eingegrabenen Falten auf der blassen Stirn störten den Gesamteindruck ein wenig.

Während Buzzly darauf wartete, daß serviert wurde, schlenderte er im Appartement auf und ab. Er betrachtete seine Umgebung aus einer völlig neuen Perspektive.

Alles in seiner Wohnung war wie immer, keinerlei Veränderung. Und plötzlich wurmte ihn, daß alles beim alten blieb, die Beständigkeit paßte ihm nicht mehr. Er betrat das ans Schlafzimmer angrenzende Bad und wusch sich die Hände.

Bei Tisch saß Buzzly Babs gegenüber. Während sie Neckereien austauschten, bewunderte er verstohlen ihre glänzenden Augen und das weiche blonde Haar.

Er ließ eine gewisse Zeit verstreichen, ehe er auf sein Thema zu sprechen kam. Indem er sich angelegentlich seinem Steak widmete, äußerte er beiläufig:

»Sag mal, du erinnerst dich doch noch an Phillip Curtendon, nicht wahr?«

Sie wurde noch blasser, und ihre Augen glänzten noch mehr. »Natürlich. Es sind jetzt ... wann haben wir ihn das letzte Mal gesehen?«

»Es muß mindestens fünf oder sechs Jahre her sein.«

Sie trank einen Schluck von dem Eistee. Mit einer raschen, ruckartigen Bewegung hob sie das Glas, da-

mit Buzzly nicht sah, daß ihre Hand zitterte. »Wieso denkst du ausgerechnet jetzt an ihn?«
»Er ist tot, weißt du?« erwiderte er. »Ich dachte, du hättest es vielleicht in den Nachrichten gehört. Als ich heute abend heimfuhr, bemerkte ich ein paar Blocks weiter in dieser Straße einen Menschenauflauf und Polizei. Außerdem zwei Sendewagen von Rundfunkanstalten. Ich war keine hundert Meter weitergefahren, da brachten sie es auch schon im Radio. Phillip Curtendon, dreiunddreißig Jahre alt, wurde an der Ecke Vierzehnte Straße und Brent von einem Auto angefahren und getötet. Eine gräßliche Geschichte. Sein Kopf wurde zwischen Reifen und Kotflügel eingeklemmt, und der Wagen schleifte ihn noch fast einen Block weit mit. Die Polizei mußte das ganze Stück Straße mit Sägemehl bestreuen.«
Buzzly verstummte, als er hörte, wie Babs' Gabel laut gegen die hölzerne Salatschüssel klapperte. Sie biß sich so fest auf die Unterlippe, daß er jeden Moment damit rechnete, Blut zu sehen. In ihren weitaufgerissenen Augen lag ein eigentümlicher Ausdruck.
»Mag sein«, fuhr Buzzly fort, »daß es gar nicht der Phillip Curtendon war, den wir kennen, obwohl der Name eigentlich recht selten vorkommt.«
Babs wollte noch einen Schluck Tee trinken, doch das Glas glitt ihr aus der Hand. Es prallte gegen die Tischkante, und der kalte Tee ergoß sich über den Teppich. Mit leeren Augen starrte sie darauf.
Buzzly erhob sich und ging zu ihr. Tröstend legte er ihr die Hand auf die Schulter. »Na, na«, sagte er freundlich, »ich hatte nicht damit gerechnet, daß du dich darüber so aufregen würdest. Ich fahre rasch hinunter in die Apotheke und hole dir deine Medizin.«
Er durchquerte das Zimmer und schlüpfte in sein

Jackett. An der Tür verharrend, blickte er zu ihr zurück. Bleich und zitternd saß sie am Tisch.
»Ich beeile mich«, versprach er. »Vielleicht höre ich unten noch etwas über den Unfall.«
Buzzly ging nicht zur Apotheke. Er verließ den Aufzug und steuerte geradewegs auf den Salon zu. An der Bar nahm er Platz und bestellte sich einen Martini.
Dort saß er noch, als ein paar Minuten später eine Frau im Foyer aufschrie. Dann stöhnte ein Mann: »O mein Gott!« Hinter sich hörte Buzzly den Lärm rennender Schritte, als haste eine Menschenmenge zum Eingang des Gebäudes. Plötzlich wurde es still.
Buzzly blieb ruhig sitzen und nippte an seinem Martini. Er wartete darauf, daß man die Leiche identifizierte. Es würde eine Weile dauern, sieben Stockwerke waren schließlich keine Kleinigkeit.
Indem er sich die Andeutung eines Lächelns erlaubte, hob er sein Glas, wie um sich selbst zuzuprosten. Er freute sich schon auf Phillip Curtendons Gesicht, wenn sie sich das nächstemal trafen.

Der Mann, der zweimal starb

Harold Q. Masur

Wenn ein Richter, noch dazu ein Bundesrichter, anruft und einen eindringlich bittet, am selben Abend zu einem Besuch in sein Haus zu kommen, so tut man das. Man bringt keine Entschuldigungen vor, schon gar nicht, wenn man als Rechtsanwalt am gleichen Gericht zugelassen ist.

Seine Ehren, Richter Edwin Marcus Bolt, US-Distriktrichter, vorher fünfzehn Jahre in einer Wall-Street-Anwaltskanzlei tätig, saß nun schon seit zwanzig Jahren auf dem Richterstuhl. Er war groß, mager, hatte eisengraues Haar und war trotz seiner sechzig Jahre nicht nur geistig, sondern auch körperlich auf der Höhe. Seine zweite Frau war eine kühle, schlanke Schönheit von dreißig, also genau halb so alt wie er. Richter Bolt war zur Zeit Vorsitzender in einem Verfahren, das täglich Schlagzeilen lieferte: Die Vereinigten Staaten gegen Ira Madden und Amalgamated Mechanics wegen Mißbrauchs von Staatsgeldern in Höhe von einer Million Dollar. Mißbrauch war dabei noch ein wohlwollender Ausdruck für Diebstahl, Unterschlagung und Bücherfälschung. Ira Madden, Vorstandsvorsitzender des Unternehmens, war der Hauptschuldige und der Hauptnutznießer der ungesetzlichen Machenschaften. Die Behörden waren bisher noch nicht in der Lage gewesen, die Vorgänge im einzelnen nachzuweisen, obwohl sie absolut sichere

Verdachtsgründe hatten. Verdächtig war auch, daß Ira Madden im vergangenen Jahr einige Male in die Schweiz gereist war, wo man bekanntlich solche Gelder mit Vorliebe unterbringt.
So nahm ich also an diesem Abend, den Wünschen des Richters entsprechend, ein Taxi und fuhr zu seinem Haus auf der East Side. Als ich dort ankam, sah ich, daß schon eine Anzahl von Besuchern angekommen sein mußte. Sie hatten ihre Wagen entgegen dem dort geltenden Parkverbot entlang des Gehsteigs vor dem Haus abgestellt, was eine klare Verletzung der Verkehrsvorschriften war. Dennoch würde keiner der Fahrzeughalter später einen Strafzettel unter dem Scheibenwischer vorfinden, denn es handelte sich ausschließlich um Polizeifahrzeuge.
Vielleicht wäre es besser gewesen, die ganze Einladung zu vergessen und wegzugehen, aber die Neugierde kitzelte mich doch. Der Mann in der blauen Polizeiuniform am Eingang streckte mir zunächst abwehrend die Hand vor die Brust. Ich sagte ihm, weshalb ich gekommen war, woraufhin er mich in den Flur des Obergeschosses geleitete.
Sergeant Louis Wienick, braungebrannt, vierschrötig, kahlköpfig und tüchtig, hob eine seiner buschigen Augenbrauen und schüttelte den Kopf.
»Natürlich, ganz klar! Scott Jordan! Wo immer es Ärger gibt, erscheint er auf der Bildfläche! Wo brennt es denn jetzt?«
»Ich bin eingeladen worden.«
»Von wem?«
»Richter Edwin Marcus Bolt.«
»Wann?«
»Heute nachmittag.«
»Weswegen?«

»Ich weiß es nicht. Er rief mich an und sagte, daß er mich gern sprechen möchte. Dringend. Also bin ich hier. Wo ist Seine Ehren?«
»In seinem Arbeitszimmer.« Wienick machte eine theatralische Geste in die entsprechende Richtung. »Diese Tür. Bitte betrachten Sie sich als mein Gast.«
Ich hätte es ja wissen müssen – aber es kommt eben doch immer wieder überraschend. Richter Bolt saß hinter seinem Schreibtisch und lächelte. Doch das Lächeln war eine rein technische Sache, das heißt, seine Lippen ließen leicht geöffnet das künstliche Gebiß noch in der Totenstarre sehen. Sein Gesicht war grau wie Zellstoff, die Augen noch blank, jedoch blicklos, wenn man nicht annehmen wollte, sie blickten in die unendliche Entfernung der Ewigkeit. Eine einzige Kugel war in seine rechte Schläfe eingedrungen, hatte die weiche Masse seines Gehirns durchpflügt und war über dem linken Ohr wieder ausgetreten.
Ich hätte es wirklich wissen müssen, denn immerhin war Wienick doch bei der Mordabteilung. Was hätte er schon hier zu tun gehabt, wenn nicht der Abgang eines Menschen mit Gewalt beschleunigt worden war? Mein Magen krampfte sich zusammen wie eine Faust, und ich hätte mich beinahe übergeben. Wienicks Grinsen war mehr oder weniger ehrlich.
»Nun, was sagen Sie dazu?« fragte er.
»Kontaktwunde«, sagte ich. »Jemand hat seiner Schießkunst nicht getraut. Er ging ganz dicht heran und drückte dann ab. Ich glaube, am Einschußloch Pulververbrennungen gesehen zu haben.«
»Sie haben gesagt, er sei dicht herangegangen. Wie können Sie wissen, daß es ein Er war? Vielleicht ist es eine Sie?«

»Möglich. Nur so eine Redegewohnheit, sonst nichts.«
»Kennen Sie die Frau des Richters?«
»Nur einmal gesehen.«
»Es geht das Gerücht um, daß sie Schwierigkeiten miteinander gehabt hätten. Es sieht so aus, als hätte sie den heimischen Herd gelegentlich zu außerehelichen Unternehmungen verlassen.«
»Ich höre nicht auf Gerüchte, Sergeant.«
»Na ja. Auf jeden Fall wird dieser Todesfall den Prozeß gegen Ira Madden nicht gerade erleichtern.«
»Unwahrscheinlich«, sagte ich. »Man wird das bisherige Ergebnis für nichtig erklären und dann eben wieder von vorn beginnen.«
»Das heißt, daß der Steuerzahler von neuem gerupft wird. All die Zeit und das Geld, die in dieser Sache bisher aufgewendet worden sind, gehen den Bach hinunter.«
»Ein Tropfen auf den heißen Stein, Sergeant. Bedenken Sie doch, was wir für Kriege vergeuden und was wir an Geld in den Weltraum pusten. Und denken Sie mal darüber nach, was wir dafür bezahlten, damit unsere Farmer verschiedene Dinger nicht anbauen.«
»Sie sind wohl ein Kommunist oder so was, hm?«
»Kaum. Was soll diese Schießerei denn für einen Sinn gehabt haben? Hat man schon eine Ahnung?«
»Noch nicht. Wir sind erst vor etwa einer Stunde alarmiert worden. Der Gerichtsmediziner ist noch nicht eingetroffen.«
»Wer hat Sie gerufen?«
»Die Witwe.«
»Hatte sie etwas beizutragen?«
»Nur ein paar Worte. Sie sagte, sie habe eine Spätvorstellung im Kino besucht und ihn so vorgefunden, als sie nach Hause kam. Dann begann sie, hysterisch zu

werden, lief wie ein verrückt gewordenes Huhn herum und beschuldigte die Leute von der Amalgamated. Eine wirklich großartige schauspielerische Leistung. Dann kam plötzlich der Hausarzt hereingestürzt. Er brachte sie mit einer Spritze schlagartig zur Ruhe. Muß schon eine starke Dosis gewesen sein. Nach zwei Minuten lag sie flach. Jetzt schläft sie in ihrem Schlafzimmer.«

»Irgendwelche Bedienstete?«

»Eine Haushälterin. Hatte heute ihren freien Tag, wie in solchen Fällen üblich.«

»Dann war also der Richter allein, als es passierte.«

»Allein bis auf eine weitere Person – seinen Scharfrichter.«

»Sie sind aber heute besonders geistreich, Sergeant. Irgendeine Spur von der Waffe?«

»Wer würde schon so dumm sein, einen Gegenstand am Tatort zurückzulassen, dessen Ursprung man feststellen kann?«

»Haben Sie das Haus durchsucht?«

»Von oben nach unten und nach allen Seiten. Nichts.« Aber bei diesen Worten schienen mir seine Augen auszuweichen.

»Los, Sergeant«, sagte ich deshalb, »lassen Sie schon hören.«

»Sie sind wohl Hellseher oder was, wie?«

»Auf jeden Fall kann ich erkennen, wenn Sie etwas zurückhalten.«

»Halten Sie sich da raus, Jordan. Das ist Polizeisache. Der Lieutenant würde mir die Haut bei lebendigem Leib abziehen.«

»Wo ist der Lieutenant?«

»Dienstbesprechung. Philadelphia.«

»Wir werfen unsere Informationen immer zusammen.

Sie wissen das. Also bitte, Sergeant, rücken Sie heraus damit.«
Wienick schüttelte sich ein wenig. Er kaute einen Augenblick auf den Lippen, seufzte schmerzlich und sagte endlich: »Neben dem Arbeitszimmer des Richters befindet sich ein Schlafzimmer. Diese Tür hier. Eine Menge Zigarettenrauch, noch nicht abgestanden. Und eine Menge Zigarettenkippen im Aschenbecher. Der Mörder saß dort und wartete auf die Heimkehr des Richters.«
»Nicht die Stummel vom Richter?«
»Der Richter hat nur Zigarren geraucht.« Wienick sah ziemlich ehrfürchtig drein. »Echte Havannas. Wo wir doch mit Kuba über Kreuz sind. Wie man mir sagte, kaufte er sie von einem schwedischen Diplomaten.«
»Vielleicht die Zigarettenstummel seiner Frau?«
»Sie hat mit dem Rauchen aufgehört, als ihr Hausarzt ihr das nahegelegt hat, behauptete sie. Der Hausarzt bestätigt es. Aber das ist nicht schlüssig, zum Teufel. Man regt sich auf, und schon fällt man in seine alten Gewohnheiten zurück.«
»Sie sind zu sehr darauf aus, Sergeant, diese Sache der Frau anzulasten.«
»Wir haben sonst niemanden.«
»Wie wär's zum Beispiel mit Ira Madden und seinen Muskelmännern? Oder einem von außerhalb eingeflogenen Talent auf diesem Gebiet? Wäre es das erste Mal, daß man versuchte, einen Prozeß auf diese Art platzen zu lassen?«
»Das sind auch Möglichkeiten, sicher, und wir werden sie überprüfen – selbstverständlich. Und da ein Bundesrichter in die Angelegenheit verwickelt ist, kann es leicht sein, daß das FBI die Nase hineinsteckt.« Wienick zeigte mir grinsend seine Zähne, die mich an die

gelb gewordenen Tasten eines alten Klaviers erinnerten. »Diese scharfen Jungs werden es allerdings gar nicht gern sehen, wenn sich ein Rechtsverdreher einmischt.«

»Ich bin kein Rechtsverdreher, Sergeant. Ich bin ein angesehener Rechtsanwalt und Ratgeber in Gesetzesfragen.«

»Ich bitte um Entschuldigung.«

»Erteilt. Und ich mische mich auch nicht unberechtigt ein. Der Richter hat mich um meinen Besuch gebeten. Er machte sich über irgend etwas Sorgen und wollte, daß ich ihn besuche.«

»Er hatte auch Grund, sich Sorgen zu machen. Und was haben Sie jetzt vor?«

»Vielleicht gehe ich einfach nach Hause und vergesse die ganze Angelegenheit.«

»Das wäre ein sehr kluger Entschluß. Aber es ist immerhin möglich, daß der Lieutenant Sie sprechen will, wenn er aus Philadelphia zurückkommt.«

»Der Lieutenant kennt meine Telefonnummer. Ich bin während der nächsten Tage in der Stadt.« Am Ausgang blieb ich einen Augenblick lang stehen und winkte. »Waidmannsheil, Sergeant!«

Das plötzliche und gewaltsame Ableben des Richters Edwin Marcus Bolt hatte sich für die Abendzeitung – wohlgemerkt, Einzahl, nicht Mehrzahl – zu spät ereignet. Eine Stadt wie New York – so viele Millionen Menschen – und nur eine Abendzeitung! Alle anderen waren eingegangen. Schlechte Geschäftsführung? Außergewöhnliche Forderungen der Gewerkschaften? Wer weiß? Erst die Morgenzeitungen – und davon auch nur zwei – brachten die Sache groß heraus. Niemand hatte eine Antwort auf die Frage nach dem

Motiv.
Am frühen Nachmittag bekam ich dann einen Anruf – diesmal von der Witwe. Ob ich wohl zu einer Familienbesprechung herüberkommen könnte? Die Tochter des Richters aus seiner ersten Ehe und ihr Mann würden dabeisein. Aber ich sollte etwas früher kommen, bitte. Die Witwe wollte vorher noch kurz unter vier Augen mit mir sprechen.
Laura Bolt, geborene Pederson, war ein großer, skandinavischer Typ. Mit neunzehn war sie Fotomodell gewesen, um das sich die führenden Fotografen rissen. Mit achtundzwanzig Braut eines hochangesehenen Juristen, mit dreißig Witwe. Sie hatte große blaue Augen, die ein ganz klein wenig schräg standen, schmale Jochbeine und eine feinporige, fast durchscheinende Haut. Ihre Zähne waren tadellos. Im Augenblick biß sie damit auf ihren Fingernägeln herum. Meine Beileidsbezeigung wischte sie mit einer ungeduldigen Handbewegung beiseite.
»Ich brauche Ihre Hilfe, Mr. Jordan.«
»Was soll ich tun?«
»Die Polizei hat ganz klar zum Ausdruck gebracht, daß sie mich für die Hauptverdächtige hält. Das gefällt mir nicht, und ich habe Angst. Ich brauche juristischen Rat. Ich brauche einen Rechtsanwalt. Ich weiß, daß mein Mann von Ihnen sehr viel gehalten hat. In den letzten vierundzwanzig Stunden vor seinem Tod hat er Ihren Namen einige Male erwähnt. Ich frage Sie, ob Sie mich vertreten wollen. Ich bitte Sie darum.«
»Haben Sie Ihren Mann ermordet?«
»Nein«, sagte sie mit Betonung.
»Gut.« Ich war also mit dem Fall befaßt, ob es den Leuten von der Staatsgewalt paßte oder nicht. Ich sagte: »Man hat Sie doch noch nicht offiziell angeklagt,

oder?«
»Mr. Jordan, man hat alles in diesem Haus durchsucht, mit ganz besonderer Aufmerksamkeit alles, was ich besitze. Ich weiß, daß man nach einer Waffe gesucht hat. Ich wiederhole, ich bin unschuldig. Ich gebe zu, daß ich mit Edwin nicht immer gut ausgekommen bin, aber es gab auch schöne Zeiten. Ich bin gern mit ihm verheiratet gewesen. Ich schätzte das Ansehen. Ein Richter und seine Gattin stehen in einem hohen gesellschaftlichen Rang. Die Position eines Richters ist – wie soll ich das ausdrücken ...??«
»Sakrosankt?«
»Für Außenstehende, ja. Es ist etwas Ehrfurchtgebietendes an diesen Männern in den schwarzen Roben, die da auf ihren Stühlen sitzen und die Leute verurteilen. Ich hasse es fast, das zu sagen«, sie machte eine flatternde Handbewegung, »aber manchmal ist in Wirklichkeit alles nur Heuchelei und leerer Schein.«
»Wie meinen Sie das?«
»Ich habe den Verdacht, daß Edwin in letzter Zeit seine Ehre befleckt haben könnte.«
»Wie kommen Sie darauf?«
»Er hatte Sorgen. Sehr große Sorgen. Ich glaube auch, daß er Sie deswegen sprechen wollte.«
»Bitte, welche Sorgen und weswegen?«
»Bestechungsgelder.« Sie sagte es mit etwas verächtlichem Ausdruck. »Man sagt, er habe Geld genommen. Man hat gegen ihn ermittelt.«
»Wer?«
»Die Staatsanwaltschaft.«
»Wessen Geld?«
»Ira Maddens. Der Mann, gegen den Edwin einen Prozeß führte.«
»Woher wissen Sie das?«

»Edwin hat es mir gesagt. Er war aufgeregt, verwirrt und durcheinander. Wir hatten eine unserer guten Perioden, und da hat er sich mir anvertraut. Er hatte es verzweifelt nötig, sich jemandem anzuvertrauen. Ich war entsetzt. Ich weiß nicht, welche Beweise man hat oder wo sie sie herbekommen haben. Aber wenn Edwin unschuldig wäre, wenn die Anschuldigungen ohne Substanz gewesen wären, dann kann ich mir nicht vorstellen, daß er sich solche Sorgen gemacht hätte. Mein Mann, Mr. Jordan, war in der letzten Zeit ein schrecklich gequälter Mensch – und ich konnte nichts für ihn tun.«

Ich dachte über diese Eröffnungen nach. War das möglich? Ein Mann von Richter Bolts Stellung und Aufgabe sollte Bestechungsgelder angenommen haben? Was war hier das *quid pro quo?* Nun, ein Richter, der eine derartig heikle Verhandlung leitet, hat außergewöhnliche Möglichkeiten. Das Geld konnte in diesem Falle schon ein recht hübsches Etwas sein für das Wofür. Er, der Richter, kann auf tausendfältige Art den Lauf der Dinge beeinflussen. So zum Beispiel durch seine Einstellung gegenüber den Beklagten, sogar durch den Gesichtsausdruck, mit dem er Darlegungen aufnahm, durch wohlwollende Auslegung der Regeln im Verfahren und letzten Endes durch eine vorgefaßte Meinung. Sollte es wirklich möglich sein, daß Richter Edwin Marcus Bolt in solch niedrige, unehrliche Machenschaften verwickelt war? Man weiß es eben doch niemals genau. Geld hat eine mächtige Überredungskraft. Man sagt ja, daß jeder Mann seinen Preis hat – wenn er nur hoch genug ist. Die Firma hat dicke Bankkonten, und Ira Madden wollte bestimmt nicht verurteilt werden. Möglicherweise hatte man auch den guten Richter durch Drohungen zum Mitmachen ge-

zwungen.
»Haben Sie persönlich den Richter jemals in Gesellschaft von jemandem von der Amalgamated Mechanics gesehen?« fragte ich.
»Edwin war doch kein Idiot, Mr. Jordan. Was immer sonst, aber kein Idiot. Er würde niemals öffentlich mit jemandem Umgang gepflogen haben, der auch nur entfernt mit einem Beklagten in einem seiner Verfahren zu tun hatte.«
»Sie wollen mir doch helfen, Mrs. Bolt?«
»Natürlich.«
»Dann sagen Sie mir bitte auch ganz offen alles, was Sie wissen. Stand der Richter heimlich mit diesen Leuten in Verbindung?«
Die gespannten Züge um ihren Mund vertieften sich. Sie preßte das obere Daumengelenk zwischen ihre Zähne. Schließlich stand sie auf, ging zum Fenster und starrte hinaus. Dann kam sie zurück. »Edwin ist tot. Ich muß sein Ansehen bewahren.«
»Kümmern Sie sich jetzt in erster Linie um Ihr eigenes. Ihn – Ihren toten Mann – quält nichts mehr. Wenn wir Sie vom Haken bekommen wollen, müssen wir einen anderen Verdächtigen finden.«
Sie dachte eine Weile über diese Worte nach, dann nickte sie langsam.
»Am letzten Sonntagnachmittag hat Edwin hier im Haus mit Andy gearbeitet...«
»Einen Augenblick«, unterbrach ich sie. »Mit welchem Andy?«
»Andy Stock, ein Gerichtsassessor.«
»In Ordnung, bitte fahren Sie fort.«
»Sie hatten einige Berichte mitgebracht und wollten beim Studium der Unterlagen nicht gestört werden. Deshalb schalteten sie das Telefon im Arbeitszimmer

ab. Alle Anrufe, die hereinkommen würden, sollte ich in meinem Schlafzimmer entgegennehmen.«

»Sie und der Richter hatten getrennte Schlafzimmer?«

»Ja. Edwin litt seit langem an Schlaflosigkeit. Er las nachts und ging in seinem Zimmer auf und ab. Wie es sich trifft, habe ich dagegen einen sehr leichten Schlaf. Ich wache beim leisesten Geräusch auf. Nun, Sie wissen ja wohl, daß eine Frau den Schlaf für die Erhaltung ihres guten Aussehens dringend braucht. Das wußte auch Edwin und hatte Verständnis. Er hat von sich aus getrennte Schlafzimmer vorgeschlagen.«

»Gut«, sagte ich. »An dem in Frage kommenden Sonntag waren Sie also, wenn ich so sagen darf, bereit, Telefondienst zu machen.«

»Ja. Es kam nur ein Anruf. Ein Mann. Er wollte den Richter sprechen. Ich versuchte, ihn abzuwimmeln, sagte ihm, der Richter sei sehr beschäftigt, aber er ließ nicht locker. Schließlich nannte er einen Namen und bat mich, ihn dem Richter durchzugeben.«

»Welchen Namen?«

»Oster – Floyd Oster. Klingelt da eine Glocke bei Ihnen?«

»Sie klingelt! Floyd Oster ist einer der maßgeblichen Vertrauten Ira Maddens bei Amalgamated Mechanics. Haben Sie das Gespräch zu Ihrem Mann durchgestellt?«

»Ja.«

»Ob Andy Stock wohl mitgehört hat? Was meinen Sie?«

»Nun, Andy trägt ein Hörgerät, das er im allgemeinen nur eingeschaltet hat, wenn eine Unterhaltung auch ihn betrifft. Ich kann also nicht sagen, ob Andy mitgehört hat oder nicht. Es ist jedoch durchaus möglich.«

»Hat Ihnen Ihr Mann gesagt, wo er das Gespräch

geführt hat?«
»Ja, zufällig. Er sagte mir, er sei ins Schlafzimmer – sein Schlafzimmer neben dem Arbeitsraum – gegangen und habe von dort aus gesprochen. Allein.«
Nicht gut, mußte ich sagen. Sogar dumm. Der Richter hätte jede Verbindung glatt ablehnen, auch die leiseste Spur einer Unkorrektheit vermeiden müssen. So konnte man die Sache im günstigsten Falle als Indiskretion, im schlimmsten als ernsthafte Verletzung der Dienstpflicht auslegen. Torheit oder Geldgier hatten seine Urteilsfähigkeit getrübt.
Die Glocke an der Haustür läutete; die Hausfrau ging und öffnete. Sie kam mit Stieftochter und deren Mann zurück.
Man brauchte kein scharfsinniger Beobachter zu sein, um Carol Denby beurteilen zu können. Sie war eine immer nur fordernde, zickige Frau, mit dünnen Lippen, unzufriedenen Augen und fahrigen Handbewegungen. Sie war in Schwarz gekleidet, und ihre Augen hatten als Folge einer in Trauer verbrachten Nacht rote Ränder. Ihr Vater war ein sehr gutaussehender Mann gewesen. Aber irgendein verirrtes Chromosom mußte es wohl gewesen sein, das diese höchst unvorteilhaft aussehende Tochter hatte entstehen lassen. Sie tat nichts, um ihre Abneigung gegenüber Laura Bolt zu verbergen. Andererseits konnte man auch unschwer erkennen, daß ihre Stiefmutter diese Abneigung in gleich großem Maße erwiderte.
Carol Denbys Mann, Clive Denby, war Versicherungsvertreter. Er war plump, geschniegelt und absolut humorlos. Er duftete nach Parfüm wie eine Frau, sein Haar war pomadisiert und der Anzug geckenhaft modern.
Mrs. Bolt gegenüber war er fast beleidigend reserviert,

um seine Frau schien er dagegen sehr bemüht. Er trat sofort als Sprecher auf.

»Wie ich unterrichtet bin, sind Sie, Mr. Jordan, von meinem Schwiegervater um einen Besuch gebeten worden.«

»Das ist richtig.«

»Würden Sie mir sagen, aus welchem Grund?«

»Das wußte ich gestern noch nicht.«

»Und heute?«

»Heute weiß ich es.«

Er stemmte seine Hände in die Hüften. »Nun?«

Ein solch anmaßendes Benehmen geht mir immer gegen den Strich und macht mich stur.

»Tut mir leid, Denby. Es war eine vertrauliche Angelegenheit. Hätte der Richter gewollt, daß Sie davon wissen, hätte er sich wahrscheinlich Ihnen anvertraut.«

»Der Richter ist tot. Das beendet die besonderen Beziehungen zwischen Anwalt und Klient, Arzt und Patient oder sonstwas.«

»Völlig falsch. Sie wissen ja gar nicht, was Sie da reden. Nebenbei, in diesem Falle wäre diese Regel unzutreffend, da mich der Richter weder formell noch anders als juristischen Berater engagiert oder mich mit der Wahrnehmung seiner Interessen beauftragt hat.«

Er schürzte die Lippen. »Aha! Sie haben also gar nicht mit dem Richter gesprochen. Wie können Sie also wissen, aus welchem Grund er Sie sprechen wollte?«

»Mrs. Bolt hat es mir gesagt.«

Carol Denby wandte sich herausfordernd an ihre Stiefmutter und fragte bissig: »Warum wollte Vater einen Rechtsanwalt sprechen?«

»Laß mich das machen, meine Liebe«, sagte ihr Mann. »Also, Laura, wir haben das Recht, den Grund zu

wissen. Was soll das alles?«
»Ich kann es euch ohne Erlaubnis meines Rechtsanwalts nicht sagen.«
»Rechtsanwalt? Wer ist dein Rechtsanwalt?«
»Scott Jordan.«
Er warf die Arme hoch. »Weshalb brauchst du einen Rechtsanwalt?«
»Weil ich unter Mordverdacht stehe und du das verdammt gut weißt. Du warst es doch, der sich besondere Mühe gegeben hat, die Polizei von den Schwierigkeiten zwischen Edwin und mir ausführlich zu unterrichten.«
»Nun, es ist doch die Wahrheit, oder?«
»Die Situation zwischen uns war durchaus nicht so schwierig und schlimm. Du hast sie in den düstersten Farben gemalt. So wie du dich benimmst, Clive, muß ich tatsächlich annehmen, daß du mich für schuldig hältst.«
»Der Schuh paßt wohl, Laura, wie?«
»Zum Teufel mit dir!« rief sie und rannte wütend aus dem Raum.
Denby war mit sich zufrieden. Er sah mich an und fragte: »Werden Sie sie verteidigen, wenn man sie anklagt?«
»So weit ist es noch nicht. Vielleicht findet man für eine Anklage keine ausreichenden Beweise.«
»Die Pistole meines Schwiegervaters ist verschwunden. Wer außer Laura konnte wissen, wo er sie aufbewahrt hat?«
Ein neuer Hinweis. »Der Richter hatte eine Pistole?«
»Ja. Eine Colt-Selbstladepistole, Kaliber zweiunddreißig.«
»Weiß das die Polizei?«
»Natürlich. Ich habe es ihr gesagt.« Er verschränkte die

Arme vor der Brust. »Sie haben meine Frage noch nicht beantwortet. Werden Sie meine Schwiegermutter verteidigen?«

»Es ist mein Beruf, Leute zu verteidigen, die eines Verbrechens angeklagt sind.«

»Ein ziemlich mieses Geschäft, finden Sie nicht auch?«

Ein weniger guterzogener Mensch als ich hätte jetzt dafür gesorgt, daß diesem widerlichen Burschen ein paar Zähne aus dem Mund gefallen wären. Aber ich schüttelte nur mitleidig den Kopf. Das ärgerte ihn natürlich, und er warf einen wütenden Blick auf seine Frau. »Wir vergeuden unsere Zeit mit diesem seltsamen Typen. Laß uns gehen, Carol.«

»Warum sollten wir gehen?« fragte sie trotzig. »Ich habe genausogut das Recht, mich in diesem Haus aufzuhalten, wie irgendeiner oder -eine.«

»Das hängt ganz vom Testament des Richters ab«, erklärte ich mit meiner freundlichsten Stimme. »Nach allem, was man weiß, dürfte er das Haus seiner Frau vermacht haben.«

Sogar diese kleine Bemerkung versetzte sie in Aufruhr und Wut. »O nein! Ich bin hier aufgewachsen. Das darf nicht sein! Clive, was sagt dieser Mensch?«

Er sah mich angewidert an. »Ich vermute, Sie werden auch die Testamentsangelegenheiten bearbeiten?«

»Das ist Sache des Testamentsvollstreckers«, sagte ich. »Wer immer im Testament als solcher benannt ist.«

»Wir werden es dann eben anfechten müssen.«

»Aus welchen Gründen? Ungebührliche Beeinflussung? Oder daß er nicht im Vollbesitz seiner geistigen Kräfte war?«

Carol Denby sagte scharf: »Er konnte unmöglich alle fünf Sinne beisammen gehabt haben, als er diese Frau geheiratet hat, diese ... Kreatur!«

»Sie würden nur Ihre Zeit und Ihr Geld vergeuden«, sagte ich mit liebenswürdigem Lächeln. »Zu viele Leute kennen den Richter als Mann von scharfem Verstand und gesundem Urteil.«
»Er war von dieser Frau besessen. Wie hypnotisiert. Sie hat ihm einen Ring durch die Nase gezogen wie einem Stier!«
Auch meine Geduld hat Grenzen, und nun hatte ich genug. Ohne ein weiteres Wort drehte ich mich um und ging zur Tür. Ich wußte genau, daß sie mir bald folgen würde. Denn weder dieses noch irgendein anderes Haus, und sei es noch so groß, konnte die Denbys und Laura unter einem Dach beherbergen. Dazu war der Haß zu groß.
Draußen sah ich auf meine Uhr. Es war noch früh am Nachmittag. So sehr ich die U-Bahn auch ablehne, sie ist trotzdem das einzige Verkehrsmittel, das Manhattan anzubieten hat, wenn man schnell von einem Fleck zum anderen kommen will.
Der Justizpalast am Foley Square ist ein großes, steriles Gebäude, rein funktionell und ohne stilistischen Reiz. Ich zog den Richtungsweiser in der Eingangshalle zu Rate und fuhr dann im Aufzug hinauf zu den Räumen von Richter Edwin Marcus Bolt. Sein Assistent, Andrew Stock, befand sich im Vorzimmer. Untersetzt, irgendwo in der Mitte der Dreißiger und mit einem Gesicht wie ein Pekinese. Das Haar war farblos, und die starken Brillengläser vergrößerten die Augen in wenig ansprechender Weise.
Er wirkte apathisch, einsam und freudlos. Weshalb auch nicht? Jeder zukünftige Inhaber des vakant gewordenen Richterstuhles würde darauf bestehen, sich seinen Mitarbeiter selbst auszusuchen. Mr. Andrew Stocks Position war ernsthaft gefährdet. Als er mich

durch die Tür kommen sah, schaltete er sein Hörgerät ein. Ich kannte ihn als einen ziemlich vernünftigen und kompetenten Untersuchungsbeamten, dem es leichter fiel, sich zu konzentrieren, wenn er den Lärm seiner Umgebung ausschloß. Dazu gab ihm seine Schwerhörigkeit – beziehungsweise das Hörgerät – die Möglichkeit. Da ich vor nur sieben Monaten mit Richter Bolt in einer anderen Sache zu tun gehabt hatte, kannte mich Stock.

Ich drückte ihm mein Beileid aus und klärte ihn über meine Verbindung mit dem Fall auf. Er nickte traurig.

»Ja, ich weiß, daß der Richter Sie angerufen hat. Tatsächlich war es sogar ich selbst, der Ihre Nummer gewählt hat. Wir hatten über die möglichen Alternativen gesprochen, als der Ärger begann.«

»Die Untersuchung wegen des Bestechungsgeldes?«

Er blinzelte hinter seiner dicken Brille. Seine Zunge fuhr über die Lippen. »Sie wissen davon? Ich dachte, er war schon tot, als Sie das Haus betraten.«

»Seine Frau hat mich informiert. Hatten die Vorwürfe irgendeine Substanz?«

Er wollte zunächst verneinen, schluckte dann jedoch und zuckte mit den Schultern. »Ich weiß nicht. Ich weiß es einfach nicht. Es ist zwar kaum zu fassen, aber ich fürchte, zugeben zu müssen, daß es möglich ist.«

»Ira Madden von Amalgamated Mechanics?«

»Einer seiner Männer, ja. Im Auftrag von Madden.«

»Floyd Oster?«

Stock nickte. »Das ist der Mann.«

»Sie glauben also, daß sie sich den Richter willfährig gemacht haben?«

Er nickte langsam. »Ja, ich glaube es.«

»Warum?«

»Weil ihn die Ermittlungen in die Enge getrieben

hatten. Ich habe ihn noch nie so nervös gesehen. Sie wissen, was es bedeutet, wenn man die Beweise tatsächlich in der Hand hat. Unehrenhafte Dispensierung vom Amt. Vielleicht Gefängnis. Verlust des Einkommens, der Pension. Alles weg. Die Arbeit vieler Jahre umsonst.«

»Ist er auf die Forderungen Maddens eingegangen?«

»Ich weiß nicht. Ich wohnte der Verhandlung nicht bei.«

»Und wenn ein Freispruch möglich gewesen wäre?«

»Glauben Sie, er hätte das Geld dieser Leute nehmen und sie dann aufs Kreuz legen können? Glauben Sie, bei diesen Kerlen kann man sich das leisten?«

»Haben Sie Gerüchte über den Verlauf der Verhandlung gehört?«

»Ja, daß er und der Staatsanwalt sich gestritten haben.«

»Dann wäre es allerdings denkbar, daß der Richter im Interesse Maddens gehandelt hat. Nun, wie dem auch sei, der Richter ist tot. Was halten Sie übrigens von Mrs. Bolt als möglicher Täterin?«

»Die Ehe war nicht gut. Wissen Sie, der Richter pflegte viel zu Hause zu arbeiten. Wir machten hier die Vorarbeiten, aber die meisten Entscheidungen wurden bei ihm daheim ausgearbeitet. Ich war oft dort, um ihm zu helfen. Er hatte für mich in seinem Schlafzimmer einen kleinen Schreibtisch aufgestellt, so daß er in seinem Arbeitszimmer ungestört war. Manchmal kam Mrs. Bolt zu ihm, und die beiden stritten dann. Ich habe das nur mitgehört, wenn mein Hörgerät gerade eingeschaltet war«, sagte Stock.

»Worüber haben sie gestritten?«

»Meist um Geld. Gelegentlich auch wegen der späten Stunde, zu der sie abends nach Hause kam. Sie war eine Verschwenderin, diese Frau. Wenn am Ende des

Monats dann die Rechnungen kamen, ist er manchmal an die Decke gegangen, der arme Richter. Sie hat das Geld ausgegeben, als wäre es morgen nichts mehr wert.«

Also brauchte der Richter Geld, dachte ich, und wahrscheinlich war deshalb Maddens Angebot für ihn trotz allem attraktiv gewesen.

»Wie ich höre, besaß er eine Pistole«, sagte ich.

»Das stimmt, mit Waffenschein und allem.«

»Warum eine Pistole? Der Mann war doch immerhin ein angesehener Bürger. Er ist schließlich nicht als Juwelenverkäufer unterwegs gewesen, und ebensowenig hat er sie für die Jagd gebraucht, wenigstens keine Faustfeuerwaffe.«

»Es war ein Hobby. Scheibenschießen. Er hatte im Keller einen Schießstand. Er konnte mit dem Ding umgehen, war ein ausgezeichneter Schütze. Außerdem hatte die Sache auch noch einen praktischen Aspekt. Einige der Verurteilten hatten Drohungen gegen ihn ausgestoßen. Sie wollten ihm die Luft ablassen, wenn sie wieder entlassen würden.« Er zeigte bei diesen Worten so etwas wie ein schwaches Lächeln und fuhr fort: »Das war der Hauptgrund, weshalb er die Genehmigung für die Waffe bekam.«

Ich überlegte, ob das alles der Polizei bekannt war und man die Entlassungen aus den Zuchthäusern daraufhin überprüft hatte. »Und was haben Sie nun für Pläne, Mr. Stock?« fragte ich.

Er sah niedergeschlagen drein. »Ich weiß es nicht. Es ist für mich zu spät, eine Privatpraxis zu beginnen. Außerdem habe ich keine eigenen Klienten und auch keine zu erwarten.« Er sah mich hoffnungsvoll an. »Brauchen Sie vielleicht einen guten Assistenten?«

»Ich werde Sie im Auge behalten. Und ich werde mich

umhören.«
Das schien ihn ein wenig zu freuen. Er lächelte mir schwach zu und hob die Hand, als ich hinausging.
Draußen suchte ich eine Telefonzelle auf und wurde nach einigen Versuchen mit Sergeant Wienick von der Mordabteilung verbunden. Er war nicht übermäßig erfreut, als er meine Stimme hörte. Ich fragte nach dem Ergebnis der Autopsie.
»Alles erledigt. Sofortiger Tod durch einen Schuß in den Kopf. Der zweite Schuß war nicht nötig. Eine Zugabe für den Toten. Wollen Sie das Ergebnis haben?«
»Nein. Aber was sagen Sie da von einem zweiten Schuß?«
»Durchs Herz. Man hat zunächst nicht genau genug nachgesehen. Vielleicht wurde man auch wegen des Fehlens von größeren Blutflecken nicht aufmerksam.«
»Bitte«, sagte ich, »erklären Sie das genauer.«
»Fast überhaupt kein Blut am Hemd des Richters. Denken Sie selbst darüber nach.«
»Haben Sie die Geschosse gefunden?«
»Jawohl. Eins auf dem Schreibtisch und eines, das im Rückgrat des Richters steckte.«
»Welches Kaliber?«
»Zweiunddreißiger Automatik.«
»Wieso Automatik?«
»Weil eine Automatik die Hülsen auswirft und wir beide gefunden haben.«
»Soweit ich unterrichtet bin, besaß der Richter eine Pistole, eine Zweiunddreißiger.«
»Stimmt. Und wir haben sie gefunden.«
»Wo?«
»Mit einem Klebeband unter der linken hinteren Stoßstange des Wagens Ihrer Klientin befestigt. Wir haben

sie vor etwa einer halben Stunde verhaftet, und seither schreit sie in einem fort nach Ihnen. Sagte, sie hätte Sie heute nachmittag beauftragt, sie zu vertreten. Nun, zum Teufel, weshalb beauftragt eine unschuldige Frau einen Rechtsanwalt, bevor sie überhaupt angeklagt ist? Können Sie mir das vielleicht erklären? Wir werden noch einen Ballistiker mit der Überprüfung beauftragen, und ich wette mit Ihnen zwanzig gegen fünf, daß mit der Waffe, die wir bei der Dame gefunden haben, der Richter getötet wurde.«

»Motiv«, sagte ich, »wo ist das Motiv?«

»Geld, mein Lieber, Geld. Ich weiß nicht, wie der Richter finanziell gestellt war, aber er hat erst vor einem Monat eine Lebensversicherung abgeschlossen. Über fünfhunderttausend Dollar, eine halbe Million! Wie finden Sie das als Motiv?«

»Wer ist der Begünstigte?«

»Ich habe die Police noch nicht gesehen, aber was glauben Sie wohl?«

»Das kompliziert die Angelegenheit«, sagte ich.

»Nein, es macht sie einfacher. Aber ich rede zuviel. Der Lieutenant sagt immer, ich leide unter einem zu losen Mundwerk. Also keine Unterhaltung mehr. Schluß, Ende! Sie stehen jetzt auf der anderen Seite. Wenn Sie mehr Unterhaltung haben wollen, dann sprechen Sie mit dem Staatsanwalt. Die Sache ist jetzt sein Bier. Sie kommen also möglichst rasch hierher. Die Witwe des Richters schreit sich sonst noch tot. Sie verlangt ihren Rechtsanwalt.«

Es knackte im Hörer, und die Verbindung war unterbrochen.

Gegen Laura Bolt war noch keine Anklage erhoben worden, und sie befand sich noch in der Arrestzelle des Polizeireviers. Man hatte sie höflich und korrekt behandelt und sie davon unterrichtet, daß sie ihrem Rechtsanwalt Mitteilung von der Festnahme machen könne. Sie hatte im übrigen jede Aussage verweigert. Als Frau eines Richters wußte sie natürlich genug, um ihre Zunge im Zaum zu halten, andererseits war sie in dieser Umgebung so gar nicht in ihrem Element. Sie sah blaß und abgespannt aus. Man erlaubte mir eine Unterredung unter vier Augen. Ich sah mich in dem Raum um und suchte nach Abhörgeräten, aber es war natürlich nichts zu sehen.

»Sprechen Sie mit leiser Stimme«, sagte ich. »Was wissen Sie über die Pistole?«

»Ich weiß nichts über die Pistole.«

»Sie wissen aber doch, daß der Richter eine besaß.«

»Ja.«

»Wo hatte er sie aufbewahrt?«

»In der Schublade seines Nachttischchens.« Sie schüttelte den Kopf und flüsterte aufgeregt: »Aber ich habe sie nicht genommen, ich habe sie nicht benützt, und ich habe sie auch nicht versteckt.«

»Hat Ihr Mann etwas von einer kürzlich abgeschlossenen Versicherung erwähnt?«

»Ja. Er hatte die alte sehr hoch beliehen, so daß davon nicht mehr viel übriggeblieben wäre im Falle des Ablebens meines Mannes. Deshalb wollte er eine neue abschließen und Clive Denby das Geschäft machen lassen.«

»Sie kennen die Höhe der Versicherungssumme?«

»Eine halbe Million Dollar. Er war der Meinung, Clive könnte die Provision für diesen Abschluß gut gebrauchen.«

»Wer ist der Begünstigte?«

»Die Summe sollte zum Gesamtvermögen meines

Mannes gehören.«
»Besteht ein Testament?«
»Natürlich. Er hat es handschriftlich entworfen, und Andy Stock hat es auf der Maschine geschrieben.«
»Befindet es sich in seinem Safe?«
»Ich glaube nicht. Ich erinnere mich daran, daß er die meisten seiner wichtigsten Papiere in seinen Räumen im Justizpalast aufbewahrte. Dort wären sie ebenso sicher wie bei einer Bank und leichter erreichbar.«
Auf eine Art war das richtig. Es war ziemlich unwahrscheinlich, daß jemand in den Justizpalast einbrechen und die Räume eines Richters plündern würde. Auch hatte er, falls das nötig war, ein wichtiges Dokument nachts schneller zur Hand. Und es war ja bekannt, daß der Richter viel nachts arbeitete.
»Wenn Ihr Mann Sie im Testament als Testamentsvollstreckerin eingesetzt hat, würden Sie mich dann mit der Regelung des Nachlasses beauftragen?«
»Ja.«
Ich nahm ein Stück Papier und schrieb eine kurze Vollmacht aus. Sie unterschrieb. Sie gab mir den Kugelschreiber zurück und faßte meinen Rockärmel.
»Werden sie mich über Nacht hier einsperren?«
»Ich fürchte, man wird Sie in Gewahrsam behalten, bis Sie der Haftrichter vernommen hat.«
»Und was passiert dann mit mir?«
»Dann wird sich ein ordentliches Gericht mit Ihnen befassen.«
»Wird man eine Kaution festsetzen?«
»Nicht wenn es sich um eine Mordanklage handelt, fürchte ich.«
Sofort schwammen ihre Augen in Tränen. »Ach Gott, was werden sie mit mir noch alles anstellen?«
»Was immer man Ihnen anzutun versucht, ich werde

es verhindern. Nun, Sie wissen Bescheid. Keine Geständnisse, nicht einmal Aussagen. Sie müssen zugeknöpft sein und bleiben. Haben Sie mich verstanden?«
Sie nickte, schluckte und versuchte zu lächeln. Dabei sah sie aus, als hätte sie eine Mandelentzündung, so schwer schien ihr das Schlucken und Lächeln zu fallen.
Mein Anruf in Richter Bolts Amtsräumen erreichte Andrew Stock eben noch, bevor er nach Hause ging. Ich fragte ihn, wer im Testament des Richters als Testamentsvollstrecker eingesetzt war. Er wußte es: die Frau des Richters. Ich sagte ihm, daß sie mich mit der Regelung des Nachlasses beauftragt habe. Er hatte von der Verhaftung noch nichts erfahren.
»Können Sie den Schrank mit den persönlichen Akten des Richters öffnen?« fragte ich.
»Ja, ich habe einen Schlüssel.«
»Gut. Ich möchte das Testament gern sehen und es zusammen mit der Zweitschrift zu den Akten legen. Bitte nehmen Sie es mit nach Hause, ich werde es später abholen.«
Er stimmte zu und gab mir seine Adresse. Er schien sehr bemüht, mit mir zusammenzuarbeiten.

Ira Madden war, das wußte ich, gegen Kaution auf freiem Fuß. An sich ganz natürlich, denn dabei ging es nur um Geld. Geld kann ersetzt werden. Aber ein Kapitalverbrechen wie Mord kann nicht mehr ungeschehen gemacht werden. Mir war klar, daß es völlig sinnlos war, Madden aufsuchen zu wollen, der von seinen engsten Gefolgsleuten abgeschirmt und in einer eigens eingerichteten Wohnung im obersten Stockwerk des Firmengebäudes isoliert gehalten wurde. Der Tod des Richters, vermutete ich, würde dort wohl groß gefeiert. Die Anwälte der Firma wußten

genau wie ich, daß mit zunehmender Verzögerung eines Prozesses die Verurteilung eines Beschuldigten immer schwieriger wird.
Also entschloß ich mich zu einer Alternative. Aus dem Telefonbuch suchte ich die Adresse von Floyd Oster heraus, der Maddens Laufbursche war. Dort angekommen, stellte ich fest, daß es ein renoviertes Sandsteingebäude war. Als ich die Treppe zu seiner Wohnung im ersten Stock hinaufstieg, wurde mir klar, daß ich mein weiteres Vorgehen nicht geplant hatte. Ich mußte also ohne Noten spielen.
Auf mein Läuten hin öffnete ein kleiner, karpfengesichtiger Mann, blaß und schlampig aussehend in seinem weißen Unterhemd. Er hielt eine leere Whiskyflasche wie eine Keule in der Hand.
»Mister Oster?« fragte ich.
»Wer will das wissen?«
»Sie haben wahrscheinlich noch nie von mir gehört. Ich heiße Jordan, Scott Jordan. Ich bin Rechtsanwalt.«
»Ich habe von Ihnen gehört.« Nach dem Klang seiner Stimme zu urteilen, schien er von einem unheilbaren Kehlkopfleiden befallen zu sein, so krächzend kamen die Worte heraus.
»Könnten wir vertraulich miteinander sprechen?«
»Worüber?«
»Über Ira Madden und Richter Edwin Marcus Bolt.«
Das Karpfengesicht wurde plötzlich verschlossen, die gelbliche Haut beinahe weiß. »Der Richter ist tot.«
»Stimmt. Aber Ira Madden lebt noch.«
»Und wo passen Sie in dieses Spiel hinein?«
»Die Witwe des Richters hat mich mit der Wahrnehmung ihrer Interessen beauftragt.«
»Warum?«
»Um sie vor Gericht zu verteidigen. Man glaubt, sie

habe ihren Mann umgebracht.«
Er lächelte, wenn man das leichte Öffnen seiner schmalen Lippen als Lächeln bezeichnen wollte. »Und was hat das mit mir zu tun?«
»Ich dachte, Sie könnten mir helfen.«
»Wirklich? Wie?«
»Die Witwe des Richters wird ein beträchtliches Honorar zahlen müssen. Und ich wüßte gern, wo das Geld ist.«
»Welches Geld?«
»Das Geld, das Sie dem Richter gegeben haben, damit der Prozeß gegen Madden im Sand verläuft.«
Er senkte seine Stimme zu einem heiseren Flüstern. »Sie haben wohl nicht alle Tassen im Schrank. Sind Sie denn von allen guten Geistern verlassen, so etwas zu behaupten? Sie wissen doch, welche Strafe auf Bestechung eines Bundesrichters steht?«
»Keine so schwere wie darauf, einen umzubringen.«
»Das ist nicht mein Bier, Mister. Verschwinden Sie und beraten Sie die Witwe.«
»Sie ist unschuldig.«
»Dann beweisen Sie es doch vor Gericht.«
»Das habe ich auch vor. Ich werde beweisen, wer es wirklich getan hat.«
Das wirkte. An seiner Schläfe begann ein Nerv zu zucken. »Verschwinden Sie! Wenn wir den Richter gekauft haben, warum sollten wir ihn dann umbringen? Man kann nicht zweigleisig fahren. Es ist doch albern –«
Er verschluckte den Rest des Satzes, weil plötzlich zwei Besucher die Treppe heraufkamen. Zwei ordentlich gekleidete muskulöse Durchschnittsamerikaner mit Bürstenhaarschnitt kamen auf uns zu und fragten höflich: »Floyd Oster?«

Ich zeigte auf ihn. »Er.«
»Und Sie, Sir, wer sind Sie?«
»Nur ein Besucher, der versucht, einige Informationen zu bekommen.«
»Tut uns leid, aber Sie werden wohl keine Gelegenheit mehr dazu bekommen, Sir. Wir haben einen Haftbefehl gegen Floyd Oster.« Der eine zückte seine Brieftasche. »Federal Bureau of Investigation. Die Anklage lautet auf aktive Bestechung eines Staatsbeamten.«
Ich trat zur Seite und an die Wand zurück, darauf bedacht, mich aus der Schußlinie zu halten für den Fall, daß Oster dumm genug sein sollte, Widerstand zu leisten. Aber die FBI-Männer waren erfahren und außerordentlich tüchtig. Blitzschnell hatte jeder einen Arm Floyd Osters gepackt, und schon gingen sie so rasch mit ihm die Treppe hinunter, daß seine Zehen kaum die Stufen berührten. Ich folgte ihnen und sah zu, wie sie ihn in einen Wagen schoben und wegfuhren. Trotz all seiner Kaltschnäuzigkeit hatte ich das Gefühl, daß Oster unter Druck schnell zusammenbrechen würde. Ira Madden hatte die Siegesfeier wahrscheinlich etwas zu früh gehalten.
Plötzlich bemerkte ich, daß ich einen Mordshunger hatte. Ich war den ganzen Tag kreuz und quer durch die Stadt gefahren, hatte gearbeitet und mit einer Anzahl von Leuten gesprochen und dabei den inneren Menschen völlig vernachlässigt. Also genehmigte ich mir ein Riesensteak und trank dazu ein großes Glas Bier. Frisch gestärkt fuhr ich los, um mir Richter Bolts Testament bei seinem Assistenten Andy Stock abzuholen.
Es war ein altes Vorkriegsgebäude in der Lexington Avenue. Ein lahmer Aufzug brachte mich in den fünften Stock hinauf. Aus einem Radio kam klassische

Musik. Ich läutete und wartete. Ich läutete nochmals und wartete wieder. Schließlich probierte ich den Türknopf. Er ließ sich drehen, die Tür war offen.
Die Musik paßte zur Szene – das Vorspiel zu Richard Wagners *Götterdämmerung*. Jemand hatte ein langes Küchenmesser genommen und damit Andy Stock den Hals von einem Ohr bis zum anderen durchgeschnitten.
Beinahe wäre mir das kürzlich genossene Steak wieder hochgekommen.
Keine Probleme mehr für Andy Stock, keine Sorgen mehr wegen eines neuen Postens! Sein Leben und seine Karriere und auch seine Träume waren zu Ende. Er hatte sich mit seinem letzten Arbeitgeber wieder vereint. Es hatte gar keinen Sinn, einen Arzt zu rufen. Zwecklos, dessen Zeit zu vergeuden. Was Andrew Stock brauchte, war der Gerichtsmediziner und ein Beerdigungsunternehmen.
Ich sah seine Aktentasche auf dem Garderobentisch liegen. Mit dem Ellbogen hielt ich sie fest und zog den Reißverschluß so auf, daß ich keine Fingerabdrücke hinterließ. Ich hatte keine Bedenken, die Dokumente herauszunehmen. Ein rascher Blick informierte mich darüber, daß, von einigen kleineren Vermächtnissen abgesehen, der Richter sein gesamtes Vermögen zwischen seiner Frau und der Tochter aufgeteilt hatte. Ich faltete das Testament zusammen und steckte es in die Innentasche meines Jacketts.
Dann benützte ich Andrew Stocks Telefon und rief Sergeant Wienick an. Beim Anhören meines neuesten Bulletins über die Ereignisse dieses Tages ließ er ein paar ausgesucht vornehme Wörter aus dem angelsächsischen Sprachschatz verlauten, die ich als wohlerzogener Mann lieber nicht wiedergeben möchte.

Sie hatten getan, was sie zu tun hatten, die Techniker, die Fotografen, die Fingerabdruckspezialisten, dann der Assistent des Gerichtsarztes und zuletzt die Leute mit dem Blechsarg, die die sterblichen Überreste in die Leichenhalle schafften.
Dann fuhren Sergeant Wienick und ich in einem Polizeiwagen zu Carol und Clive Denby. Ich brauchte einige Informationen über die Versicherung des Richters. Keiner dieser angenehmen Eheleute würde bereit sein, mir aus freien Stücken ausreichend Auskunft zu geben, aber mit dem Sergeant als Rückhalt würden sie sich wahrscheinlich nicht zieren wollen.
Offensichtlich hatte auch Wienick neue Instruktionen erhalten. »Also«, sagte er, »ich habe mit dem Lieutenant ein Ferngespräch geführt, und er hat mir den Auftrag gegeben, mit Ihnen in gutem Einvernehmen zusammenzuarbeiten. Und hier das Neueste: Die Ballistiker haben ihre Überprüfung beendet. Es sieht schlecht aus für Mrs. Bolt. Die Geschosse, die den Richter getötet haben, stammen aus der Waffe, die wir an ihrem Wagen gefunden haben. Es gibt keine Zweifel. Das Mikroskop hat das sehr deutlich gezeigt.«
»Ich hatte nie Zweifel, daß dies der Fall sein würde.«
»Und es macht Ihnen keine Sorge?«
»Ein wenig doch.«
»Und wissen Sie, was wir noch gefunden haben?«
»Was?«
»Eine Schuhschachtel voll Geld. Große Scheine, fünfzig Tausender. Das FBI nimmt an, daß das Geld von der Firma stammt, daß es der Richter von Ira Madden bekommen hat.«
»Was ließ das FBI zu diesem Schluß kommen?«
»Sie hatten Madden bereits seit einem Jahr unter Beobachtung, hatten sein Telefon angezapft und bela-

stende Gespräche mitgehört. Die haben zu Floyd Oster geführt, der daraufhin festgenommen wurde.«
»Das weiß ich.«
Er hob eine Augenbraue. »Wer hat es Ihnen gesagt?«
»Ich war dort, als es passierte.«
Er reagierte gelassen. »Bargeld«, fuhr er fort. »Verrückt. Sie scheinen damit nur so um sich geworfen zu haben. Sogar dieser Andrew Stock scheint etwas abbekommen zu haben. Dreitausendfünfhundert in brandneuen Fünfzigern steckte in einem Schuh in seinem Wandschrank. Was die Leute nur mit Schuhen und Schuhschachteln haben heutzutage? Ob sie den Banken nicht mehr trauen?«
Ich hatte dazu nichts zu sagen. Aber meine Gedanken rasten. Die Mosaiksteinchen ergaben allmählich ein erkennbares Bild.
Die Denbys begrüßten uns ohne Begeisterung. Carol Denby eröffnete sofort das Feuer mit ihrer nasalen Stimme.
»Ich habe im Radio gehört, daß Sie meine Stiefmutter verhaftet haben. Ist das wahr, Sergeant? Haben Sie das wirklich getan?«
»Es ist wahr«, sagte er.
»Gut«, sagte sie bissig und mit grimmiger Zufriedenheit. »Ich bin nicht überrascht. Ich habe dieser Frau vom ersten Augenblick an, als ich sie sah, nicht getraut. Ein eitles, geldgieriges Miststück, das nur hinter dem Geld meines Vaters her war. Es tut mir nur eines leid. Daß man nämlich in diesem Staat die Todesstrafe abgeschafft hat. Ich hoffe nur, daß man sie zu lebenslanger harter Arbeit verurteilt. Schweiß und Demütigung wären genau das richtige für sie.«
Clive Denby sagte: »Wenn Laura schuldig ist, möchten wir sie auch verurteilt sehen. Gibt es etwas, womit wir

dazu beitragen können, Sergeant?«
»Jordan hier hat einige Fragen.«
Ich wurde mit einem Blick kaum verhohlener Ablehnung bedacht. »Ist das nicht ein wenig unvorschriftsmäßig, Sergeant? Jordan vertritt die Angeklagte. Er will sie doch herauspauken, und Sie beide müßten doch eigentlich in entgegengesetzter Richtung arbeiten.«
»Wir wollen zunächst einmal alle Tatsachen festhalten, Mr. Denby.«
Er zuckte die Achseln und warf uns einen leidenden Blick zu. Seine Augen waren dabei auf mich gerichtet. Ich fragte: »Wie ich höre, haben Sie vor kurzem eine neue Lebensversicherung für Ihren Schwiegervater ausgestellt. Stimmt das?«
»Ja, vor acht oder neun Monaten.«
»Über eine halbe Million Dollar?«
»Das ist für einen Mann in seiner Position kein ungewöhnlicher Betrag.«
»Und es war Ihnen natürlich auch bekannt, daß der Betrag seinem Gesamtvermögen zufallen sollte?«
»Natürlich wußte ich das.«
»War Ihnen auch bekannt, daß nach den Bedingungen des Testaments seine Frau und seine Tochter zu gleichen Teilen erben würden?«
»Er hatte mich dahingehend unterrichtet.«
»Ich nehme an, daß die Versicherung zum Zeitpunkt des Ablebens des Richters in Kraft war?«
»Oh, ja. Mein Schwiegervater war peinlich genau bei der Bezahlung der Prämien. Es gab keine Rückstände.«
»Enthält die Versicherung auch diese schöne Klausel über doppelte Versicherungssumme im Falle eines Unfalls oder gewaltsamen Todes?«
»Das ist der Fall.«
Wienicks Lippen entfuhr ein ehrfürchtiges Pfeifen.

»Sie meinen, daß aus den fünfhunderttausend Dollar eine Million werden, weil jemand dem Richter eine Kugel durch den Kopf gejagt hat?« Eine zutreffende, wenn auch nicht sehr feinfühlige Feststellung, aber in jedem Fall typisch für Wienicks Art.
»Das ist wahr, Sergeant.« Ich wandte mich wieder Denby zu. »Entfällt die Auszahlung im Falle eines Selbstmords?«
»Ja. Das ist eine übliche Klausel bei all diesen Verträgen. Selbstvernichtung macht die Versicherung ungültig, es wird fast überall so gehalten.«
»Wenn also der Richter sich selbst getötet hat, bekommt Ihre Frau nichts. Sie steht quasi nackt in der Kälte.«
Carol Denby schnappte nach Luft. »Wie kann man nur etwas so Scheußliches sagen? Nur ein geistig verwirrter Mensch könnte sich das Leben nehmen.«
»So?« Ich sah sie mit zur Seite geneigtem Kopf an. »Sie selbst haben mir gesagt, daß Ihr Vater nicht im Besitz seiner geistigen Kräfte gewesen sein muß, als er diese Frau geheiratet hat.«
»Augenblick mal«, unterbrach hier Wienick. »Bleiben wir bei diesem Punkt. Lassen Sie mich das klarstellen. Sie wollen andeuten, daß niemand Richter Bolt ermordet hat, daß wir auf dem Holzweg sind, weil sich der Mann selbst das Leben genommen hat?«
»Ich deute das nicht an«, sagte ich, »sondern ich erkläre das ausdrücklich. Der Richter war kein Mordopfer. Er hat seine Pistole genommen, sie auf sich gerichtet, abgedrückt und sich eine Kugel durch den Kopf gejagt.«
Carol Denby stieß einen kurzen Schrei aus und hielt sich beide Hände vor den Mund.
Ihr Mann sagte und gab sich dabei Mühe, verächtlich

dreinzusehen: »Dieser Mann ist nicht bei Verstand, Sergeant. Er hat Murmeln im Kopf statt des Hirns. Er ist im höchsten Maße unzurechnungsfähig.«

Wienicks zusammengekniffene Augen suchten die meinen. »Was bringt Sie zu dieser Annahme?«

»Richter Bolt«, sagte ich, »lebte in tödlicher Angst. Es war ihm bekannt, daß gegen ihn wegen passiver Bestechung ermittelt wurde. Er wußte auch, daß er schuldig war und daß –«

»Mein Vater?« schrie Carol mit schriller Stimme. »Bestechung? Was sagen Sie da?«

»Wir haben fünfzigtausend Dollar in einer Schuhschachtel gefunden«, sagte Wienick scharf. »Wo zum Teufel glauben Sie wohl, daß er das Geld herbekommen hat?«

Ihre Hände flatterten, ihr Mund bebte. Sie lehnte sich an ihren Mann, der seinen Arm schützend um sie legte.

»Als die Leute vom FBI sich in die Sache gegen den Richter einzumischen begannen«, sagte ich, »wußte er, daß das Spiel verloren war. Er mußte befürchten, daß der Kontaktmann Floyd Oster, um selbst straflos auszugehen, sich als Kronzeuge anbieten würde. Dazu brauchte er keine hellseherischen Fähigkeiten. Er konnte die Zukunft auch so sehen. Unehrenhafte Entlassung und Gefängnis drohten ihm. Diese Belastung war zu groß. Er war völlig durcheinander, halb von Sinnen vor Verzweiflung. Es gab keinen Ausweg außer einem – und den hat er gewählt. Eine Kugel in den Kopf.«

»Hören Sie auf damit«, sagte Denby. »Sie können das nicht beweisen. Wenn sich der Richter selbst erschossen hat, was ist dann mit der Pistole geschehen?«

»Sie haben sie weggenommen«, sagte ich.

»Was!«
»Sie haben sie weggenommen, Denby. Sie sind kurz nach dem Selbstmord ins Haus gekommen. Sie sind in das Arbeitszimmer gegangen und haben ihn tot im Sessel sitzen sehen. Und Sie wußten genau, was das bedeutete. Sie sahen eine halbe Million Dollar den Bach hinunterschwimmen. Ein schrecklicher Verlust. Also handelten Sie. Er hatte die Pistole auf den Boden fallen lassen, und Sie hoben die Waffe auf. Sie mußten rasch verschwinden, aber vorher im Hinblick auf die Versicherung dafür sorgen, daß der Eindruck eines Mordes erweckt wurde. Also schossen Sie ihm eine Kugel in den Körper. Tod durch Gewalteinwirkung. Doppelte Versicherungssumme. Eine Million Dollar.«
Ein krampfartiges Zucken lief über Denbys Gesicht. »Verleumdung«, sagte er heiser. »Verleumdung vor Zeugen.«
Ich lachte. »Sie haben sich jetzt größere Sorgen zu machen als die wegen einer Verleumdung. Und weil Sie gerade von Zeugen sprechen, zum Teufel, ja, da gab es auch einen Zeugen.«
Wienicks Hand krampfte sich um meinen Arm. »Ein Zeuge? Wer?«
»Andrew Stock«, sagte ich. »Der Assistent des Richters. Stock hat es gesehen.«
»Woher wissen Sie das?«
»Erinnern Sie sich an die Zigarettenstummel? Und den Rauch? Beides stammte von ihm. Er war im Haus und arbeitete wie üblich im Schlafzimmer nebenan. Den ersten Schuß hat er nicht gehört, weil sein Hörgerät nicht eingeschaltet war. Ganz normales Verhalten bei ihm. Aber dann, wahrscheinlich weil er dem Richter etwas zeigen wollte, schaltete er es ein und wollte ins Arbeitszimmer gehen. Da hörte er den zweiten Schuß.

Er spähte durch den Türspalt und sah Denby mit der Pistole in der Hand dastehen. Er sagte kein Wort. Er befand sich in einem Schockzustand. Er zog sich zurück und dachte nur daran, sein Leben zu retten. Kann sogar sein, daß er sich in einem Wandschrank versteckt hat.«

Clive Denby lächelte, aber sein Lächeln war nur eine schreckliche Grimasse. »Vermutungen«, sagte er. »Alles nur Vermutungen.«

»Es ist eine Menge mehr als das, Denby. Beim zweiten Schuß gab es beinahe kein Blut. Das heißt, daß der Richter schon tot war, als dieser Schuß auf ihn abgegeben wurde. Das war gedankenlos, Denby. Sie haben nicht klar genug gedacht. Sie standen unter Druck, waren in Eile, nervös, nicht wahr?«

»Mann, wie wollen Sie so etwas jemals beweisen?« sagte er heiser. »Stock ist tot.«

Sergeant Wienick horchte auf.

»Genau«, sagte ich. »Aber woher wissen Sie das? Es wurde noch nicht bekanntgegeben, weder im Radio noch sonstwie. Sie wissen es, weil Sie selbst ihn ermordet haben. Armer, verzweifelter Andrew Stock! Als er sich nach dem Tod des Richters Gedanken über die Zukunft machte, mußte er erkennen, daß er seinen Posten verlieren und arbeitslos sein würde. Keine Arbeit, kein Einkommen. Und dann hatte er eine Idee. Er hatte Informationen. Er wußte etwas, das Geld wert war. Weshalb sollte er das nicht ausnützen? Also erpreßte er Sie, Denby. Er wollte einen Anteil an der Versicherungssumme. Sie waren in einer gefährlichen Lage und hatten keine Wahl. Alles, was Sie im Augenblick auftreiben konnten, waren dreitausendfünfhundert Dollar. Wir haben sie in Stocks Wohnung gefunden. Sie haben auch danach gesucht, nicht wahr? Aber

Sie waren in großer Eile und haben nicht am richtigen Ort gesucht. Auch Suchen muß gekonnt sein. Sie hätten das Geld in einem seiner Schuhe gefunden.«
»Immer mehr Vermutungen«, flüsterte er.
»Ist das wirklich so? Nehmen wir an, wir überprüfen Ihr Bankkonto auf Ihre letzten Abhebungen hin. Was wird sich herausstellen? Haben Sie in den letzten vierundzwanzig Stunden dreitausendfünfhundert Dollar abgehoben?«
Was sich herausstellen würde, stand deutlich auf seinem Gesicht zu lesen. Er trat einen Schritt zurück, sein Atem ging stoßweise, und er sah mich mit dem starren Blick einer Giftschlange an, die zubeißen will. Seine Frau trat einen Schritt von ihm weg und schaute ihn mit Entsetzen und Ungläubigkeit an.
»Andrew Stock«, sagte ich, »dieser arme kleine Teufel, hat nicht gewußt, auf was er sich einließ. Er wußte nicht, daß es, um einen Erpresser loszuwerden, nur eine Lösung gibt. Wenn man nicht zahlen will, bis die Milch restlos versiegt ist, dann muß man die Forderungen rasch und ein für allemal unterbinden. Man kann mit Erpressung nur Schluß machen, indem man mit dem Erpresser Schluß macht – und das haben Sie getan. Sie haben ihn mit einem Messer aus seiner eigenen Küche getötet.«
Wienick war näher gekommen, aufmerksam und wach. Während er seinen Blick nicht von Denby wandte, sagte er zu mir: »Und Sie wollen doch damit auch sagen, daß dieser Mann uns hinters Licht führen wollte, indem er die Pistole an den Wagen der Witwe des Richters klebte?«
»Genau das will ich sagen. Oh, ja, er ist schon ein recht gerissener Bursche, das muß man zugeben. Er hat einen Nebelvorhang erzeugt, um die Polizei in die Irre

zu führen. Wenn alles funktioniert hätte, Laura Bolt angeklagt und verurteilt worden wäre, hätte Denbys Frau alle Chips einsammeln können, die ganze Million. Nach dem Gesetz kann ein Mörder sein Opfer nicht beerben. Und er hatte nicht die geringsten Gewissensbisse, einer unschuldigen Frau einen Mord anzuhängen, so sehr haßte er sie. Also begann er sein kleines Netz von Betrug und Schwindel zu weben, um die Wahrheit zu verbergen und sich die Taschen zu füllen.«

Clive Denbys Augen hatten jetzt einen fieberhaften Glanz angenommen, waren weit aufgerissen, und sein Atem ging keuchend. Ununterbrochen schüttelte er den Kopf.

»Was immer man über Laura Bolt denken mag«, sagte ich, »sie ist weder blöd noch schwachsinnig. Sie würde niemals eine Mordwaffe in ihrem Wagen verbergen. Sie wäre auf jeden Fall so schlau gewesen, sie von der Fähre nach Staten Island ins Wasser zu werfen, so daß sie für immer verschwunden gewesen wäre.«

Das Gesicht Denbys war vom Haaransatz bis zur Kinnspitze naß von Schweiß. Seine Stimme klang hohl und gepreßt. »Kein Beweis. Sie haben keinen Beweis. Nicht ein Jota eines Beweises.«

»Falsch«, sagte ich. »Absolut falsch. Haben Sie schon einmal etwas von einem Nitrattest gehört? Beim Abfeuern eines Schusses mit einer Faustfeuerwaffe schlagen immer nicht völlig verbrannte Pulverteilchen von der Mündung zurück und setzen sich in der Haut des Schützen fest. Pulvertätowierung nennt man das. Man kann die kleinen Teilchen mit einer Pinzette herausnehmen und damit nachweisen, ob jemand einen Schuß abgegeben hat oder nicht. Mit Seife und Wasser sind diese Spuren nicht wegzubringen, Denby. Man

wird Sie testen. Das können Sie nicht verhindern. Nun, Denby, werden sich solche Nitratspuren an ihrer Hand finden?«
Er ballte die Hände zu Fäusten und preßte sie einen Augenblick gegen die Brust. Dann öffnete er seine rechte Hand und sah sie an – und dann geriet er völlig aus dem Gleis. In einem plötzlichen Anfall sinnloser Wut schrie er mir Gemeinheiten zu und schlug nach mir. Ich machte einen raschen Schritt zur Seite, und als Denby folgen wollte, schlug ihm Wienick die Handkante ins Genick. Wienicks Hand ist schwer und hart wie ein Montiereisen. Denby ging in die Knie und schnappte nach Luft. Seine Frau stieß einen langen, verzweifelten Schrei aus und beugte sich dann nach vorn, wobei sie ihr Gesicht mit den Händen bedeckte. Mir tat keiner der beiden sonderlich leid.

Mörderische Spur

Joe E. Hensley

Am Nachmittag, kurz nachdem erneut eine Meldung eingegangen war, »jemand« habe Joe Ringer gesehen, betrat der kleine, hagere Mann mein Büro im Gerichtsgebäude. Er wartete geduldig, während ich über Funk einen Streifenwagen in die betreffende Gegend schickte.
»Könnte ich Sie kurz mal privat sprechen, Sheriff?« bat er schließlich höflich.
Ich musterte ihn prüfend. Er wirkte hager, beinahe ausgemergelt und mußte in meinem Alter sein, also Anfang Vierzig. Sein Händedruck war weich und reserviert. Er trug einen zerknitterten, altmodischen Anzug, eine Brille mit dicken Gläsern und hatte einen schmalen Schnurrbart. Eigentlich sah er durchaus solide aus. Aber ich hatte den Eindruck, als hafte ihm irgendwie der Geruch von Tod und Verzweiflung an. Mein Mißtrauen war geweckt. Jeder Mann vertraut auf etwas. Ich vertraute meinem guten Riecher für Menschen.
»Edward Allen Reynolds«, stellte er sich vor.
Ich nickte kurz. Mein längst verstorbener Vater hatte immer behauptet, man könne keinem glauben, der zwei Vornamen angebe.
»Sheriff Spain«, erwiderte ich. »Wir haben hier 'ne Menge zu tun. Falls Sie mit mir über Joe Ringer sprechen möchten, muß ich Sie enttäuschen. Er ist

gestern nacht aus meinem Gefängnis sang- und klanglos verschwunden.«
Der Mann sah mich betroffen an. »Ich hätte gern mit Joe Ringer gesprochen ... aber aus anderen Gründen, als Sie vermutlich annehmen. Mich interessiert lediglich, wie Ringer überhaupt in Ihre Stadt gekommen ist, Sheriff.« Er musterte mich prüfend. »Wie konnte er denn entkommen?«
»Wenn ich das wüßte, wäre ich froh«, entgegnete ich. Ich war mir noch immer nicht im klaren über Reynolds' Absichten. Zuerst dachte ich, er sei einer der Reporter, die wie hungrige Wölfe über Crossville hergefallen waren, nachdem wir Joe Ringer gefaßt hatten.
»Wenn Sie kein Reporter sind, wer sind Sie dann?« fragte ich.
»Ich bin Professor für Psychologie an einem kleinen College im Osten. Aber im Augenblick habe ich Ferien. Wenn Sie sich lieber über mich erkundigen möchten, rufen Sie einfach die psychologische Fakultät der Universität Ihres Staates an. Dort wird man Ihnen sagen, daß ich eine Vertrauensperson bin.«
Ich spielte einen Augenblick tatsächlich mit dem Gedanken, seinen Rat zu befolgen, doch dann überlegte ich es mir anders. »Ich bin ziemlich beschäftigt«, entgegnete ich höflich. »Bei uns ist Wahljahr.« Ich versuchte, den Ausdruck seiner Augen hinter den dicken Brillengläsern zu deuten, doch er blieb undefinierbar. Alles, was ich spürte, war der leichte Geruch von Verletzbarkeit und Verzweiflung, der ihm anhaftete. »Wenn Sie sich eingehender über Joe Ringer informieren wollen, dann rate ich Ihnen, sich mit meinem Deputy, Chick Gaitlin, zu unterhalten. Er hat Ringer auf dem Busbahnhof entdeckt und verhaftet.«
Gaitlin hatte sich schon den ganzen Tag über bei den

enttäuschten Reportern beliebt gemacht.
»Ich glaube, *Sie* sind für mich der einzig richtige Gesprächspartner, Sheriff«, widersprach Reynolds und senkte die Stimme. »Ich habe da nämlich eine Theorie. Ich glaube, Joe Ringer ist aus einem ganz bestimmten, mir unerfindlichen Grund in Ihre Stadt gelockt worden.«
Ich lächelte flüchtig. »Ich habe es mit einem Wahlgegner zu tun, der überall große Reden über meine Unfähigkeit schwingt, und ich muß mich mit einem entflohenen Mörder herumschlagen. An absurden Theorien habe ich keinen Bedarf. Ich muß Joe Ringer finden. Verkaufen Sie Ihre Theorie der Presse. Vielleicht finden die Reporter Gefallen daran. Sie haben aus dem kaltblütigen Mörder Ringer inzwischen sowieso schon einen Volkshelden gemacht.«
»Bitte, Sheriff! Geben Sie mir Gelegenheit, ein paar Minuten unter vier Augen mit Ihnen zu sprechen«, drängte Reynolds und sah sich um. Mein kaugummikauender Deputy am Funkgerät hörte neugierig zu. Ich hatte einen Tip bekommen, daß er derjenige war, der während des gesamten Wahlkampfes meinen Gegner mit Informationen über mich gefüttert hatte. Vermutlich hatte dieser ihm einen höheren Rang und bessere Bezahlung für den Fall versprochen, daß man mich abwählen würde. Ich wußte immerhin, daß er mich nicht mochte, weil ich ihn ans Funkgerät gesetzt hatte. Vielleicht war er die Schwachstelle in meinem Team, vielleicht auch nicht. In Wahljahren ist niemand davor gefeit, krankhaft mißtrauisch zu werden. Ich hatte viel Zeit und Mühe darauf verwendet, das Amt zu bekommen, das ich mittlerweile innehatte, und ich hatte nicht vor, es wieder zu verlieren. Ich hatte weder eine Frau noch Familie, sondern nur diesen Job und

die damit verbundenen Vorteile.
»Na gut. Kommen Sie mit in mein Privatbüro, Edward Allen Reynolds«, forderte ich ihn auf. Ich verließ meinen Schreibtisch, auf dem sich die Akten stapelten, führte ihn in mein winziges Privatzimmer und machte die Tür zu.
»Zuallererst muß ich wissen, wie Ringer überhaupt hierhergekommen ist«, begann Reynolds.
»Ganz normal... mit dem Bus. Mein Deputy hat ihn aus einem Bus steigen sehen und ihn im Bahnhof verhaftet. Das war gestern vormittag.«
»Aber was wollte Ringer hier? Was wollte er ausgerechnet in dieser Stadt?«
»Crossville ist eine hübsche Stadt mit dreißigtausend Einwohnern, und sie wächst ständig. Industrie, Energie und Landwirtschaft. Lesen Sie mal die Berichte unserer Handelskammer.«
»Eine Menge Spuren, die ich verfolgt habe, könnten in Ihrem Crossville geendet haben, Shcriff. Sagt Ihnen der Name Peter Green etwas?«
»Nein«, erklärte ich. Natürlich kannte ich den Namen, doch nicht ich, sondern Reynolds sollte reden.
»Ich habe seine Spur bis hierher verfolgt. Er hat eine Schwester in Florida. Das war mein Ausgangspunkt. Green wurde dort und in einigen anderen Staaten mehrerer Vergewaltigungen und Morde verdächtigt. Die Schwester hat mir sein Bild gezeigt. Er war ein hübscher junger Mann, der sein Geld als Fernfahrer verdiente. Immer wenn er länger in einer Stadt war, starb dort irgendeine junge Frau auf mysteriöse Art und Weise. Seine Schwester hat mir erzählt, daß er nach Crossville gegangen ist, weil man ihm dort einen lukrativen Job bei einer Firma namens ›Multiple Trukking Incorporated‹ angeboten hatte. Ich habe heute

morgen versucht, dieses Transportunternehmen zu finden, aber es existiert nicht... hat hier nie existiert. Seit Green Florida verlassen hat, hat seine Schwester nichts mehr von ihm gehört. Und ich habe den Verdacht, daß es so bleiben wird.«

»Eine Firma mit diesem Namen kenne ich nicht«, sagte ich stur. »Und ich bin schon mein Leben lang in Crossville. Was ist daran so wichtig?«

Er zuckte mit den Schultern. »Green ist offenbar in Ihrer Stadt verschwunden. Und noch jemanden habe ich bis hierher verfolgt: den Bauarbeiter William Kole. Ich bin überzeugt, daß er vier Kinder umgebracht hat. Ein Psychopath. Er stammt aus Pennsylvania, lebte jedoch in San Francisco, bis er vor einigen Monaten hierhergekommen ist. Man hat ihn einmal in Kalifornien unter Mordanklage gestellt, mußte ihn jedoch mangels Beweisen wieder freilassen. Nach dem Prozeß ist er nach Crossville gegangen. Hier sollte er beim Bau des neuen Kraftwerks mitarbeiten. Ich besitze eine Kopie seines Anstellungsvertrags. Als man ihn zur Arbeit abholen wollte, war er verschwunden. Seitdem hat ihn niemand mehr gesehen.« Er schüttelte den Kopf. »Und es gibt noch etliche andere... leider fehlen mir in diesen Fällen die schlüssigen Beweise. Trotzdem sind sie ausgerechnet hier verschwunden. Aber ich suche weiter, denn ich bin meiner Sache sicher.«

»Das ist ja alles sehr interessant, aber im Augenblick habe ich andere Sorgen«, entgegnete ich. »Ich bin Kandidat bei einer Wahl und habe ein großes Problem. Ich muß entweder Joe Ringer finden oder mir zum nächsten Ersten einen neuen Job suchen. Dabei bin ich gern Sheriff... und, wie ich glaube, auch ein guter.«

»Das sind Sie, Sheriff. Ich habe mich umgehört. Ich

möchte nur Ihre Erlaubnis, mich hier in Ihrer Nähe aufzuhalten. Meiner Meinung nach wurde auch Joe Ringer unter einem Vorwand in diese Stadt gelockt. Wenn ich Gelegenheit kriege, mit ihm zu reden, erfahre ich vielleicht endlich die Wahrheit.«

»Ich kann hier niemanden brauchen.«

»Dann schlage ich Ihnen ein Geschäft vor. Ich habe einen Verdacht, wo Ringer sich aufhalten könnte.« Reynolds warf mir einen flüchtigen Blick zu. »Ich habe Nachforschungen angestellt. Aber zuerst möchte ich wissen, ob ihm jemand zur Flucht verholfen haben könnte?«

»Das ist nicht auszuschließen«, gab ich ungern zu. »Der Ausbruch ist kurz nach dem Schichtwechsel erfolgt. Er hat nach dem Besuch seines Pflichtverteidigers die Zelle verlassen dürfen, um zu telefonieren, und danach war er einfach verschwunden.«

»Wen hat er denn angerufen?«

Ich zögerte. Ich wußte nicht recht, wieviel ich ihm sagen sollte. »Wir hören nicht zu, wenn unsere Häftlinge telefonieren.«

»Ach, kommen Sie, Sheriff Spain! Seien wir ehrlich miteinander. Ringer ist ein Mann, der mindestens dreißig Menschen – Männer, Frauen und Kinder – umgebracht haben soll. Er ist ein berufsmäßiger Einbrecher und Dieb, der in Wohnungen und Häuser einsteigt und kaltblütig jeden tötet, der ihm dort in die Quere kommt. Er stiehlt nur die Wertgegenstände, deren Herkunft sich später nicht mehr feststellen läßt, und verschwindet danach. Er ist schlau, gerissen und skrupellos. Und er hat sich nie auf frischer Tat erwischen lassen. Man hat ihm zweimal den Prozeß gemacht und ihn freigesprochen. Meines Erachtens hatten Sie also jeden Grund, auf diese Höflichkeiten zu

verzichten. Also, wen hat er angerufen?«
Ich schüttelte den Kopf.
»Wie wär's, wenn ich Ihnen ein paar Namen nenne, und Sie nicken einfach, sobald der richtige fällt?«
»Ich habe keine Zeit für solche Spielchen, Mr. Reynolds«, sagte ich, mittlerweile leicht beunruhigt.
»Ich heiße *Professor* Reynolds, Sheriff. Wollen Sie denn gar nicht wissen, was in Ihrer Stadt passiert? Was ist, wenn man Joe Ringer hierhergelockt hat?«
»Aus welchem Grund sollte das denn jemand getan haben?«
»Um ihn umzubringen.«
»Na gut, dann soll er's eben tun!« entgegnete ich heftig. »Solange das meiner Wiederwahl nicht im Weg steht, kümmert mich das nicht.«
»Mich auch nicht«, stimmte er mir leise zu. »Ihr Problem ist komplizierter, denn Sie haben auch die Leichen der anderen nie gefunden, Sheriff. Und wenn Sie nicht ehrlich mit mir sind, werden Sie die von Ringer auch nicht finden. Also lassen Sie mich einige Namen nennen.«
Ich nickte widerwillig. Er schien es ehrlich zu meinen. Trotzdem haftete ihm noch immer der Geruch des Todes an.
Er zog einen Zettel aus der Tasche und begann vorzulesen. Beim vierten Namen unterbrach ich ihn. Quinn Cowper. Ein Farmer und Viehzüchter, den ich gut kannte.
»Wie sind Sie auf diese Namen gekommen?« erkundigte ich mich neugierig.
»Meine Liste enthält die Namen sämtlicher Personen dieser Stadt, auf die ich im Lauf meiner Ermittlungen gestoßen bin«, erwiderte er. »Cowper ist übrigens nicht der Name, der dabei am häufigsten aufgetaucht

ist. Welcher das war, erzähle ich Ihnen später. Aber ganz offensichtlich sollten wir uns an diesen Cowper halten, wenn wir Joe Ringer fassen wollen.« Er nickte mir zu. »Sollen wir uns auf den Weg machen?«
Ich zögerte. Dann nickte ich. Ich führte ihn aus dem Gerichtsgebäude und an den alten Männern vorbei, die ihre Stöcke an den Mauern wetzten. Einige grüßten, andere sahen weg. Es war eben ein Wahljahr.

Cowper lebte im Norden der Stadt am Ende einer alten Schotterstraße, kilometerweit von der Überlandstraße entfernt. Reynolds und ich waren allein.
Wir versteckten den Streifenwagen außer Sichtweite des Hauses und gingen einen Hügel hinauf. Ich hatte mein bestes Gewehr dabei.
Von der Hügelkuppe aus hatte man einen guten Überblick über Cowpers Anwesen, das aus einem alten, halbverfallenen Haus, einem windschiefen Schuppen und einigen anderen völlig verwahrlosten Gebäuden bestand. Es wurde von einem intakten Zaun umgeben, dessen oberste Reihe aus Stacheldraht bestand. In meiner Gegend repariert man zuallererst die Zäune.
Wir saßen in dem trockenen, kühlen Herbstgras und warteten. Am Haus selbst deutete nichts darauf hin, daß es bewohnt war. Wir sahen weder Rauch aus dem Kamin steigen, noch bewegte sich irgend etwas.
»Ich gehe jede Wette ein, daß Ihr Mann da ist«, flüsterte Reynolds neben mir.
»Vielleicht ... vielleicht auch nicht. Ich kann mir nicht vorstellen, weshalb er sich ausgerechnet dort aufhalten sollte. Außerdem ist mir noch immer nicht ganz klar, warum Sie sich so für ihn interessieren. Weshalb sind Sie hierhergekommen?«
Er sah mich mit einem seltsamen Blick an. »Ich möchte

unbedingt wissen, wie es funktioniert. Wie gelingt es Cowper, mehrfache Mörder in diese Stadt zu locken ... und sie vielleicht sogar umzubringen? Wie erfährt er von ihnen, wie erkennt er sie, wie tritt er mit ihnen in Verbindung und lockt sie dann her?«

Ich atmete tief. Die Luft roch bereits nach der ersten Kälte.

»Weshalb wollen Sie das wissen?«

Als ich diesmal seinen Blick auffing, wurde mir klar, daß er mir einiges verschwieg. »Ich bin Psychologe. Zeit meines Lebens interessiere ich mich für die Psyche der Kriminellen. In den vergangenen Jahren habe ich mich hauptsächlich mit Massenmördern, als einer besonderen Kategorie von Mördern, beschäftigt. Es scheint sie plötzlich häufiger zu geben als früher ... so, als sei durch die Bevölkerungsexplosion die Notwendigkeit entstanden, auch die Zahl der Mörder zu vervielfachen. Ich habe da einige Statistiken zusammengestellt ...«

»Frisierte Statistiken, wie?« unterbrach ich ihn.

Er hob eine schmale Hand. »Dort drunten steht ein Mann auf der Veranda. Sehen Sie?«

Ich starrte zum Farmhaus hinunter. Er hatte recht.

»Ist das Joe Ringer?« fragte Reynolds.

Der Mann auf der Veranda trat vor, so daß wir ihn besser sehen konnten. Es war Ringer. Ich konnte sein hageres, faltiges Gesicht und die kalten Augen erkennen. Ich nickte. »Das ist er.«

Reynolds schüttelte den Kopf und flüsterte: »Ist nicht der Richtige.«

»Das ist Ringer«, entgegnete ich verdutzt. »Was soll das heißen, nicht der Richtige?«

»Los, gehen wir zu ihm«, sagte Reynolds, ohne auf meine Frage einzugehen. Das schien eine ziemlich

lästige Angewohnheit von ihm zu sein.
»Warten Sie noch einen Augenblick«, hielt ich ihn zurück. »Sieht so aus, als ob er auf jemanden wartet. Ich möchte gern wissen, auf wen.« Ich war noch nicht bereit, mir Ringer wiederzuholen. Es gab noch viel zu viele ungeklärte Fragen in Bezug auf Reynolds.
»Vermutlich wartet er auf Cowper«, sagte Reynolds.
»Nein, unmöglich«, wehrte ich energisch ab. »Ich kenne Cowper gut. Er liegt kilometerweit von hier entfernt in einem Krankenhaus. Und gestern abend war er jedenfalls noch dort. Das habe ich überprüft.« Ich lächelte. »Ich dachte, Sie wüßten, auf wen Ringer noch warten könnte?«
Er schüttelte den Kopf. »Nein, ganz ehrlich. Das schwöre ich. Wir warten also?«
»Ja, eine Weile bestimmt. Irgend jemand hat ihm zur Flucht verholfen... hat auf seinen Anruf reagiert. Ich wünschte, ich wüßte, wer. Angesichts der Bürgerrechte, des Falls Miranda und der Entscheidungen des Obersten Gerichtshofes bezüglich des Abhörens von Telefonen, kann ich es nicht zulassen, daß meine Deputys es riskieren, gegen die Gesetze zu verstoßen.«
»Aber vielleicht haben Sie's persönlich riskiert?«
Ich trug eine unbewegliche Miene zur Schau und zuckte die Achseln. Dann deutete ich auf das herbstlich gefärbte Laub und hatte plötzlich das Bedürfnis, die Dinge zu beschleunigen. »Unter der Schotterstraße führt ein Tunnel für das Vieh durch. Wenn wir den benutzen, kommen wir unbemerkt näher heran.«
»Vielleicht sollten wir doch lieber hier oben bleiben und versuchen, seinen Helfer zu identifizieren, wie Sie es zuerst vorgeschlagen haben«, entgegnete er plötzlich zögernd. »Ich bin sicher, daß er uns bisher nicht bemerkt hat. Wenn wir jetzt näher ans Haus

herangehen, sieht er uns vielleicht.«
»Ich bestimme hier, was gemacht wird, Professor! Natürlich habe ich die Absicht, auf diesen mysteriösen Helfer zu warten, aber das können wir auch aus kürzerer Entfernung. Also, Sie können entweder mit mir kommen oder hierbleiben. Das liegt ganz bei Ihnen.«
Er kam mit. Im Schutze von Bäumen und Büschen schlichen wir uns vorsichtig näher. Als wir eine Baumgruppe erreicht hatten, die ungefähr fünfzig Meter vom Haus entfernt war, war Joe Ringer zwar wieder im Haus verschwunden, doch ich konnte ab und zu seinen Schatten erkennen, wenn er ans Fenster trat, um die Straße zu beobachten.
Mücken umschwirrten uns gierig, während wir den ganzen Nachmittag warteten. Gelegentlich fuhren Autos auf der Schotterstraße vorbei, die parallel zum Zaun des Anwesens verlief. Bei jedem näher kommenden Wagen straffte der Professor erwartungsvoll die Schultern, doch alle fuhren vorbei.

Als die Sonne schon beinahe untergegangen war, überredete ich Reynolds, mit mir noch näher zum Haus zu schleichen. Doch es kam niemand. Joe Ringer, der im Zwielicht der Abenddämmerung offenbar mutiger geworden war, trat wieder auf die Veranda hinaus und starrte ungeduldig zur Straße hinüber.
»Jetzt kann ich nicht länger warten. Ich muß ihn festnehmen«, flüsterte ich schließlich. »Es wird dunkel. Er könnte fliehen, ohne daß wir es merken.«
»Ich möchte unbedingt wissen, auf wen er wartet«, entgegnete Reynolds leise und ärgerlich. »Vergessen Sie bitte nicht, daß Sie ihn nur mit meiner Hilfe gefunden haben.«

Ich schüttelte den Kopf. Dann brachte ich mein Gewehr langsam in Anschlag und beobachtete Ringer durch das Zielfernrohr.
»Schön stehenbleiben, Ringer!«
»Sheriff?« rief er.
»Keine Bewegung!«
Entgegen meiner Erwartung warf er sich nach links und zerrte verzweifelt an seinem Hosenbund. Ich schoß einmal wahllos auf ein Fenster und tötete ihn mit den beiden folgenden Schüssen.
»Nein!« schrie Reynolds entsetzt. »Ich brauche ihn noch!«
»Ich hätte ihn ebenfalls gebraucht«, murmelte ich leise und dachte an die bevorstehende Wahl. Dann ging ich vorsichtig auf die Veranda zu. Reynolds folgte mir. Ringer lag bewegungslos auf den Holzplanken. Ich hatte auf seinen Kopf gezielt. Der Geruch des Todes haftete ihm bereits an. Neben ihm lag eine kleinkalibrige Pistole. Ich wickelte sie in ein Taschentuch.
»Sie hätten ihn festnehmen können, ohne ihn gleich umzubringen«, schimpfte Reynolds.
Ich schüttelte den Kopf. »Nein, das wäre viel zu riskant gewesen. Vor allem mit Ihnen! Sie haben gesehen, wie er nach meinem Anruf reagiert hat. Er hat die Waffe gezogen. Er wollte fliehen.«
»Woher hatte er die Pistole?«
»Vielleicht lag sie irgendwo im Haus herum«, vermutete ich.
Reynolds beobachtete, wie ich den Toten durchsuchte. Schließlich fand ich den vertrauten Zettel mit Cowpers Telefonnummer und einer groben Skizze, die den Weg zum Farmhaus beschrieb.
»Ringers Helfer hat vielleicht gewartet, bis es dunkel wird, Sheriff«, sagte Reynolds bitter enttäuscht. »Jetzt

haben Sie ihn vertrieben.« Er schüttelte den Kopf. »Aber ich lasse mich davon nicht abhalten weiterzumachen. Ich setze meine Nachforschungen fort. Ein Bürger Ihrer Stadt hat Ringer irgendwie überredet, hierherzukommen. Jemand wollte nicht, daß er gefaßt wird. *Irgend jemand!*« Er musterte mich aufmerksam. Ich wußte, daß er mittlerweile schon zu viele Anhaltspunkte gesammelt hatte, und richtete mein Gewehr auf ihn.

Er nickte zufrieden. »Auch Ihr Name stand auf meiner Liste. Und zwar zuoberst!«

Ich schüttelte den Kopf. »Bisher mußte ich keinen Unschuldigen umbringen. Cowper ist mein Cousin. Gelegentlich passe ich auf sein Anwesen auf. Ich kann nicht riskieren, daß Sie mit Ihrer Geschichte überall hausieren gehen. Bis heute habe ich gut geschlafen. Sie würden mir meinen gesunden Schlaf nächtelang rauben, Professor. Ich hasse Sie nicht so, wie ich die anderen gehaßt habe.«

Er lächelte gelassen.

»Wie machen Sie es? Sagen Sie mir bitte, wie Sie sie ausfindig machen? Und wie gelingt es Ihnen, sie herzulocken?«

Ich schüttelte den Kopf. »Ich weiß nicht, warum, aber ich habe eine sehr sensible Nase... einen guten Instinkt. Es ist eine besondere Begabung. Ich erkenne Menschen an ihrem Geruch. Männer wie Ringer und Peter Green und einige andere, die ich dort draußen auf den Feldern meines kranken Cousins Cowper begraben habe, strömen einen Geruch aus, den ich sofort ausmachen kann.« Ich nickte. »Es ist ein scharfer, durchdringender Gestank, der mir beim Einatmen innerlich weh tut. Als Kind habe ich ihn zum erstenmal wahrgenommen. Damals bin ich erst acht Jahre alt

gewesen. Ich wollte den Mann, der so schlecht und gemein roch, töten, aber ich habe es nicht getan, weil ich zu klein war. Dann, als ich Deputy von Frank Stickney geworden war, haben wir einen Mann gefaßt, der fünf Menschen ermordet hatte, und er roch genauso wie jener erste. Vor Gericht hat er nur dreißig Tage für Landstreicherei bekommen, weil wir ihm die Morde nicht nachweisen konnten, und er hat uns einfach ausgelacht, als wir ihn verhören wollten. Nach seiner Entlassung aus dem Gefängnis habe ich ihn geschnappt und ihn hier draußen begraben.«
»Sie können sie riechen?« fragte er ungläubig.
Ich nickte. »Ich fahre jedes Jahr in Urlaub und komme auch durch meinen Job ganz schön rum. Hier in unserer Gegend gibt es nicht mehr viele, aber vergangenes Jahr bin ich in San Francisco gewesen, und in diesem Jahr fahre ich nach New York. Ich sage der dortigen Polizei, daß ich einen Mann suche, der sich in ihrer Stadt aufhält, und erkundige mich nach guten Verstecken. Manchmal sehe ich mich auch auf eigene Faust um. Und Sie haben recht. Es scheint immer mehr von ihnen zu geben.« Ich lächelte. »Mit diesem Geruch sind sie leicht zu finden.«
»Und dann bringen Sie sie um?« erkundigte er sich wißbegierig.
»Nein, nicht sofort. Ich versuche, soviel wie möglich über meine Kandidaten herauszubekommen. Und dann gehe ich sehr vorsichtig vor. Die meisten von ihnen sind schlau und abgebrüht. Nachdem ich über ihn oder sie ... es sind auch Frauen darunter ... Informationen gesammelt habe, finde ich eine Möglichkeit ... eine List, einen Trick, den Kandidaten hierherzulocken. Joe Ringer hielt sich für einen Schriftsteller. Ich habe ihn ausfindig gemacht und ihm geschrieben,

ich wolle seine ›Werke‹ veröffentlichen. Ich habe ihm die Reise hierher bezahlt. Es war einfach Pech, daß mein Deputy ihn erkannt und verhaftet hat. Deshalb mußte ich ihn entwischen lassen. Aber das war nicht schwierig. Ich habe ihm heimlich eine Nachricht zukommen lassen, er solle mich hier treffen. Während seines Telefongesprächs ist er dann auf und davon.«
»Und Peter Green?«
»Er ist gekommen, um bei meiner Spedition zu arbeiten.«
Reynolds nickte. Er schien begeistert. Ich hob zögernd das Gewehr.
»Nein, bitte noch nicht! Sie sollten noch ein paar wichtige Dinge erfahren, bevor Sie sich entschließen, mich umzubringen.« Seine Augen hinter den Brillengläsern glitzerten. Zum ersten Mal schien Leben in sie gekommen zu sein. »Vor allem haben Ihre Deputys gesehen, daß ich mit Ihnen weggefahren bin.«
»Sie sind einfach unglücklicherweise in die Schußlinie geraten.« Ich grinste. »Aus diesem Grund habe ich einmal danebengeschossen. Einem Sheriff stellt man nicht viele Fragen ... vor allem nicht nach Joe Ringers Tod.« Ich schüttelte den Kopf. »Irgendwie haben Sie erfahren, daß er hier war, und haben mich zu ihm geführt. Dann sind Sie leider ums Leben gekommen. Ich mache einen Helden aus Ihnen, Professor ... falls Sie das tröstet.«
Er nickte zustimmend. »Das könnte klappen. Aber ich bin Massenmördern schon eine ganze Weile auf der Spur. Im ganzen Land wissen viele über mich und meine fixe Idee Bescheid. Ich habe aus meinen Absichten nie ein Hehl gemacht. Allerdings glaube ich nicht, daß man mich ernst genommen hat. Hoffen wir es wenigstens ... in unser beider Interesse. Allerdings ist

nicht auszuschließen, daß sich jemand doch Gedanken macht, wenn ich plötzlich sterbe.«

Das gab mir zu denken.

Er wartete geduldig.

»Tut mir leid. Mir bleibt nichts anderes übrig. Wenn ich mit etwas Glück die Wahl gewinne, habe ich noch vier Jahre, in denen ich sie jagen kann. Und ich muß sie jagen. Vielleicht bin ich anders als andere Menschen, vielleicht sollen sie durch mich den Tod finden. Ich hasse sie so, wie sie uns hassen.« Ich nickte ihm zu. »Manchmal denke ich, daß sie Mutanten sind ... die Rasse der Zukunft. Ich habe sehr viel darüber nachgegrübelt. Möglicherweise hat man sie geschickt, um uns auszurotten, unsere Plätze einzunehmen, uns zu überleben und sich nach unserem Tod erbarmungslos gegenseitig zu belauern und zu töten.« Meine Stimme hatte zu zittern begonnen.

»Ganz ruhig, Sheriff Spain«, sagte er freundlich. »Massenmörder haben mich geradezu zwanghaft angezogen. Vor ungefähr drei Jahren ist ein Mann während meiner Abwesenheit in unser Haus eingebrochen. Meine Tochter hat er zuerst umgebracht. Sie war damals gerade zehn Jahre alt und recht hübsch. Dann hat er meine Frau halb totgeschlagen. Sie hat noch so lange gelebt, um uns eine Beschreibung des Mannes geben zu können. Und mit meiner Familie bin auch ich gestorben.« Er lächelte ohne jeden Anflug von Humor. »Haben Sie dort draußen auf den Feldern vielleicht einen Mann mit einer weißen Haarlocke an der rechten Stirnseite begraben, der einen Meter achtzig groß und Anfang Dreißig gewesen ist und scharfgeschnittene Gesichtszüge gehabt hat?«

Ich schüttelte den Kopf. »Nein, keinen. Wenigstens bisher noch nicht.«

»Schade«, murmelte er enttäuscht.
Ich wartete. Das Gewehr hatte ich gesenkt.
»Haben Sie sich je überlegt, wieviel effektiver Sie arbeiten können, wenn Sie einen Psychologen als Partner hätten, der Methoden findet, selbst die Gerissensten unter ihnen hierherzulocken? Einen Mann, der sich in der Psyche dieser Männer und Frauen auskennt?«
Ich dachte über die Möglichkeiten einer solchen Kombination nach. Es gab noch Hunderte, vielleicht Tausende von ihnen, die frei herumliefen. Genug für ein ganzes Leben.
»Sie könnten mir zu einem neuen Leben verhelfen«, gestand er leise und nahm mir damit die Entscheidung ab. »Ich habe Sie ausfindig gemacht, um Ihr Partner und Assistent zu werden.«

Unter Freunden

Talmage Powell

»Der medizinische Name der Krankheit ist ein Zungenbrecher«, sagte Dr. Mallory Ames. »Aber allgemeinverständlich ausgedrückt ist Nicky Colgren an einer Funktionsstörung der Leber gestorben, die ein völliges Aussetzen der Lebertätigkeit bewirkte. An Leberversagen, so könnte man es bezeichnen.«
Ames beendete seine Mitteilung an Ronald Clary und Hadley Lawrence mit einem schweren Seufzer. Lawrence war Rechtsanwalt und hatte seine beiden Freunde zu sich in seine Kanzlei bestellt. Das große Bürogebäude, in dem er praktizierte, wirkte nun, am frühen Abend, öde und verlassen.
Clary zündete sich mit verhaltenen Bewegungen eine Zigarre an. Er war Chefredakteur der größten Zeitung der Stadt, ein Hüne mit beginnender Glatze und Augen, deren zumeist diamantharter Blick auf eine Persönlichkeit schließen ließ, die so leicht nichts schockieren, geschweige denn aus der Fassung bringen konnte. »Den Nachruf schreibe ich am besten selbst«, sinnierte er. »Soviel bin ich dem guten alten Nicky wohl schuldig.«
»Es will mir noch gar nicht in den Kopf, daß er nicht mehr ist«, bemerkte Lawrence.
»Ich konnte so gut wie nichts für ihn tun«, sagte Dr. Ames. »Wir sind imstande, Herzen zu reparieren, Nieren zu ersetzen. Aber wenn etwas so Untergeord-

netes wie die Leber nicht mehr will, richten wir so wenig aus, daß wir unseren Laden von vornherein dichtmachen könnten.«
»Warst du bis zum Ende bei ihm?« fragte Lawrence.
Ames nickte. »Natürlich. Vom Auftreten der ersten Symptome an, bis ich den Totenschein unterschreiben mußte, blieb ich ununterbrochen an seinem Bett. Das war ja wohl das mindeste.«
Lawrence trat langsam hinter seinen Schreibtisch und setzte sich. Er war ein hagerer, dunkler Typ mit feinen Zügen, die Leidenschaftlichkeit verrieten. Der Schreibtisch war massig und paßte mit seiner handpolierten Walnußplatte zur übrigen Einrichtung des großen, imposanten Büros.
»Ja, der alte Nicky«, murmelte er. »Nun ist es vorbei mit seinen Runden auf dem Golfplatz. Mit all seinen verpatzten Abschlägen und dem ewigen Rechtsdrall, mit dem er seine Bälle neben den Fairway setzte.«
»Aber er hat kein schlechtes Leben gehabt«, meinte Clary. »Ist immerhin über fünfzig geworden. Sicher, viel geleistet hat er nicht, war kein ganz ernst zu nehmender Charakter, aber das Riesenvermögen, das er geerbt hatte, gab ihm ja den nötigen soliden Rückhalt.«
»Als es zu Ende ging, war er nicht mehr derselbe«, sagte Ames. »Von unserem Nicky mit dem feisten Grinsen im Kleinjungengesicht blieb zuletzt nur noch ein müder alter Mann mit angegrautem Schnurrbart und Tränensäcken übrig.«
»Alkohol und Frauen«, kommentierte Clary. »Und seine dauernden Parties, um die er soviel Wirbel machte.«
»Ja, das waren seine Hauptinteressen«, pflichtete Lawrence bei. »Genaugenommen hatte er überhaupt

nichts mit uns dreien gemeinsam. Ich frage mich, warum ihm so viel an unserer Freundschaft lag.«
»Ich glaube, weil wir ihm Kontakt mit einer Welt verschafften, die mehr Substanz hatte als seine eigene«, meinte Clary. »Und es hob wohl auch unser eigenes Selbstbewußtsein, ihn ständig um uns zu haben.«
Ames nickte zustimmend zu Clarys Ausführungen und wandte sich an den Anwalt. »Aber warum hast du uns herzitiert, Hadley?«
Hadley Lawrence zog eine Schreibtischschublade auf. »Weil ich einen Brief von Nicky habe. Er schrieb ihn vorgestern abend und ließ ihn mir durch einen Eilboten zustellen. Auf einem angehefteten Begleitzettel ordnete er an, wir sollten den Brief im Falle seines Todes gemeinsam lesen.«
Clary und Ames blickten sich an und rückten unwillkürlich näher an den Schreibtisch und den versiegelten weißen Umschlag heran, den Lawrence noch einen Augenblick in der Hand wog, bevor er nach einem schmalen goldenen Brieföffner griff und ihn aufschlitzte. Das Geräusch fiel unnatürlich laut und aufreizend in die Stille, die sich über den Raum gesenkt hatte.
Lawrence zog den Brief heraus, überflog ihn und wurde blaß.
»Komm schon, Hadley«, drängte Clary und schnippte mit den Fingern. »Er ist für uns alle drei bestimmt.«
»Das schon. Nur bin ich mir nicht sicher, ob ihr hören wollt, was drinsteht.«
»Selbstverständlich wollen wir!« erklärte Ames und funkelte seinen Freund an. Er war ein robuster, rotgesichtiger Mann mit wichtigtuerischen Allüren.
»Sicher«, stimmte Clary zu. »Lies ihn vor, Hadley.«

Hadley Lawrence zögerte noch einen Augenblick, dann holte er Luft und begann mit immer wieder stockender Stimme zu lesen.

Liebe Freunde,
ich kann aus Mallorys sonderbarem Benehmen nur folgern, daß ich an diesem rätselhaften Leberleiden zugrunde gehen werde. Dabei hätte ich mir wenigstens für meinen Tod eine Ursache gewünscht, die eines Mannes würdig wäre. Aber nein, der hoffnungslose Trottel – wie sollte es anders sein – krepiert ausgerechnet an einer verkorksten Leber. Nur kein Protest, Freunde. Ich gebrauche das Wort Trottel nicht unüberlegt. Schließlich weiß ich, schon seit ich mich von Kindermädchen und Erzieherinnen tyrannisieren ließ, wie sehr diese Bezeichnung auf mich zutrifft. Ferner bin ich mir bewußt, daß auch ihr mich im stillen von jeher mit genau dieser Vokabel belegt habt.
Aber selbst eine Niete wie ich muß einmal zu Wort kommen. Wenn ich Euch im Leben auch nie imponiert habe, so werde ich es wenigstens im Sterben tun.
Ihr alle drei haltet Eure Ehefrauen für respektable, charakterfeste Muster weiblicher Tugend, nicht wahr? Aber eine von ihnen hat mich geliebt und liebt mich noch, das ist Tatsache. Ich brauchte nur zu wollen – und ich wollte oft –, dann kam sie auf den leisesten Wink zu mir. Ich war es, der ihre Leidenschaftlichkeit aufblühen ließ, sie in Ekstasen versetzte, die Ihr nicht einmal im Traum für möglich halten würdet.
Ich versichere Euch also, meine Freunde, daß die Portion Herablassung in Eurem Umgang mit mir

durchaus unberechtigt war. Das war es, was ich Euch sagen wollte, denn ich bringe es nicht fertig, als der bloße Hanswurst, den man nur gerade im Clubhaus und auf Cocktailparties tolerierte, meinen Abschied für immer zu nehmen.
Statt dessen sterbe ich in der Gewißheit, daß ich in Eurem Leben von jetzt an eine Stellung einnehmen werde, die zu genießen mir nie vergönnt war. Ich weiß, Ihr werdet Euch nun ein anderes Bild von mir machen als während meines einsamen, aber immerhin nicht ganz erfolglosen Lebens.

Ergebenst
Euer Nicky.

Hadley Lawrence ließ den Brief auf die Tischplatte fallen, und die drei Männer starrten in absolutem Schweigen darauf hinunter.
Die Sekunden tickten vorbei. Clarys Gesicht wurde immer röter, und Ames ließ die Fassade des berufsmäßigen Boten der Zuversicht und Hoffnung fallen.
Lawrence brach das Schweigen mit zitternder Stimme. »Es kann nicht Lucille gewesen sein, über die er da redet, soviel weiß ich immerhin.«
Ames nahm den Anwalt mit einer ruckartigen Kopfbewegung aufs Korn. »Unterstellst du etwa, Doris hätte ...«
»Oder Maureen?« fragte Clary herausfordernd. Sein Arm schnellte über die Tischplatte, und seine Finger krallten sich um Lawrences Revers.
Lawrence riß sich mit einem Zorneslaut los, aber sein Blick, der zwischen den beiden anderen hin und her flackerte, war der eines gestellten Wildes. Die Freundschaft der drei war nur noch eine rasch verblassende Erinnerung. Wie sie sich gegenüberstanden,

Hunde mit gesträubtem Nackenfell, bereit, im nächsten Augenblick übereinander herzufallen, schien es, als hätte ihre gutlaunige Vertrautheit an der Bar des Clubhauses nie existiert.
»Ich unterstelle gar nichts«, sagte Lawrence endlich und zog sich das Jackett zurecht. »Seine Bemerkungen in dem Brief beziehen sich auf jemand anderen als Lucille, mehr habe ich nicht gesagt.«
»Das lasse ich mir nicht...«, begann Clary und wollte erneut auf Lawrence losgehen, aber Ames fiel ihm in den Arm. »Betrachten wir die Sache so objektiv wie möglich«, schlug er vor.
»Du bist Arzt«, gab Clary zurück. »Du hast gelernt, alles kühl zu analysieren, aber ich...«
»Der Chefredakteur einer großen Zeitung sollte sich genauso im Griff haben«, tadelte Ames. »Und ein bekannter Anwalt desgleichen. Wir wollen ihm doch nicht auch noch in die Hände spielen, oder?«
Lawrences schmale Schultern entspannten sich ein wenig. »Du hast recht, Mallory. Nicky hoffte natürlich, wir würden genau in dieser Weise auf seine Eröffnung reagieren.«
»Zweifellos. Und er wird sich die Szene mit einiger Genugtuung ausgemalt haben.«
»Eine schäbige Art zu sterben, wenn ihr mich fragt«, sagte Clary.
Lawrence setzte sich wieder. »Schäbig, gewiß. Aber man kann von einem Menschen, der sich sein Leben lang mit derartigen Komplexen abgeschleppt hat, nicht erwarten, daß sein Charakter intakt bleibt.«
»Nein«, stimmte Ames zu. »Aber der springende Punkt ist: Was machen wir jetzt?«
»Wir vernichten den Brief«, sagte Lawrence.
»Das Papier können wir verbrennen«, meinte Clary.

»Aber der Inhalt des Briefes ist unzerstörbar. Der wird uns nun für immer begleiten, davon kommen wir nicht weg.«
Lawrence legte den Kopf in die Hände und stöhnte auf. Clary zündete sich eine neue Zigarre an und ließ sich in einen Sessel fallen. Ames stand mit trostloser Miene mitten im Zimmer und blickte von einem zum anderen.
Dann plötzlich beugte er sich über den Schreibtisch, packte Lawrence an der Schulter und schüttelte ihn. »Hadley... reiß dich zusammen, Mann! Und du auch, Ronald. Steht auf, alle beide... Ihr sollt aufstehen, habe ich gesagt!«
Als er ihre ungeteilte Aufmerksamkeit hatte, fuhr Ames fort: »Wir müssen dieser Sache ins Auge sehen und uns damit abfinden. Eine andere Wahl haben wir nicht. Und dann... dann dürfen wir sie nie wieder erwähnen. Was heute abend in diesem Büro vorgefallen ist, darf mit keinem Wort nach außen dringen.«
»Wir sollen Nicky also ungeschoren davonkommen lassen, meinst du?« fragte Clary.
»Hast du einen Vorschlag, was wir ihm jetzt noch antun könnten?« fragte Ames zurück.
»Dieser hinterhältige Feigling!« Lawrences Stimme bebte vor Abscheu. »Kommt damit heraus, wenn er nichts mehr zu befürchten hat. Alles vom sicheren Ufer, wo ihn keiner belangen kann.«
Clary wandte sich an Ames. »Mutest du mir zu, meiner Frau für den Rest meines Lebens ins Gesicht zu sehen, ohne je wirklich zu wissen, woran ich bin?«
»Genau damit hat Nicky nicht gerechnet«, sagte Ames. »Es ist unsere einzige Möglichkeit, seine Absichten zu durchkreuzen.«
Er ließ den anderen Zeit, diesen Gedanken in sich

aufzunehmen, dann fuhr er fort: »Wir kennen die Frauen, um die es geht, und wir wissen, daß Nicky einen gewissen jungenhaften Charme besaß, eine, nun ja... einzigartige Ausstrahlung. Wir können außerdem als sicher annehmen, daß er es mit allen ihm zur Verfügung stehenden Mitteln darauf anlegte, diese Affäre anzuheizen. Zeit genug hatte er ja dazu – Jahre und Jahre. Wir haben es also mit einer Reihe von Umständen zu tun, die sich aller Wahrscheinlichkeit nach nie wiederholen werden. Und nun, da Nicky nicht mehr lebt, ist kaum anzunehmen, daß die betreffende Frau sich je zu einem weiteren Seitensprung hinreißen läßt.«
»Ich muß Klarheit haben«, beharrte Clary. »Ich halte diese Ungewißheit...« Er brach ab, starrte die andern beiden betroffen an und errötete. »Versteht mich nicht falsch. Ich weiß genau, daß es nicht meine Frau war!«
»Dann halte dich an deine Überzeugung«, sagte Ames. »Nicky hat jedem von uns eine Waffe zur Selbstzerstörung in die Hand gegeben, vergeßt das nicht. Und er wollte, daß wir sie gebrauchen.«
In der nachfolgenden Stille war nur Clarys und Lawrences schwerer Atem zu hören.
»Du hast natürlich recht«, gab Clary widerwillig zu.
»Aber es wird mir verdammt schwer werden, Lucille tagtäglich anzusehen«, ergänzte Lawrence. »Morgens beim Frühstück, und vor ihrem Spiegel, wenn sie sich die Haare macht, und...«
»Betrachten wir es als Buße dafür, daß wir Nicky keine echten Freunde waren«, riet Ames.
Die drei musterten sich steif und verlegen. Es schien, als habe der Arzt den Schlußstrich unter die Besprechung gesetzt.
Ames wandte sich abrupt zum Gehen, blieb aber auf

halbem Weg zur Tür stehen und bemerkte über die Schulter: »Also, dann bis Sonntag im Club. Zur gewohnten Zeit, nicht wahr?«
Clary konzentrierte sich darauf, seine erloschene Zigarre wieder in Brand zu setzen. »Ich fürchte, dieses Wochenende muß ich passen. Meine Frau sagte etwas von einer Antiquitätenausstellung, die sie mit mir besuchen will.«
Lawrences Hände rückten fahrig an den Gegenständen auf seinem Schreibtisch herum. »Ich habe meine Rosen schon zu lange vernachlässigt«, sagte er. »Ich sollte diesen Sonntag endlich drangehen und sie beschneiden und spritzen. Und der Rasen könnte auch ein bißchen Wasser vertragen.«
Ames antwortete mit einem Kopfnicken, das mehr ihm selbst als den anderen galt. Die Erkenntnis, daß es sich hier um einen endgültigen Bruch handelte, glomm in seinen Augen auf, und leises Bedauern huschte flüchtig über sein Gesicht. Dann trat er rasch auf den Korridor hinaus und verließ das leere Gebäude mit hallenden Schritten.
Zu dumm, dachte er, als er in seinen Wagen stieg. Es war doch so überflüssig gewesen, Clary und Lawrence mit hineinzuziehen. Nicky und er hatten die Sache unter sich abgemacht. Sie hatte ja auch nur sie beide betroffen – angefangen mit dem Abend, an dem er früher als erwartet von dem Ärztekongreß zurückgekommen und Doris heimlich zu einem bestimmten Motel gefolgt war.

Beileidsbesuch

Sonora Morrow

Als Polizeichef eines Provinznestes genieße ich ziemlich viel Handlungsfreiheit. Jedenfalls sehr viel mehr als irgendein Großstadtpolizist. Sicher, wir haben hier draußen kein hochgestochenes Labor und auch kein ausgedehntes Funksystem, aber für solche Kinkerlitzchen hätten wir sowieso keine Verwendung. Bei uns im Ort fällt höchstens mal ein Apfeldiebstahl an, ab und zu auch eine eingeworfene Fensterscheibe: die üblichen Lausbubenstreiche. Dazu gibt's gelegentliche Raser, meistens Touristen auf der Durchreise. Und was die umliegenden Farmen angeht, da machen wir mitunter einen Destillierschuppen dicht, aber nur, wenn er wirklich verdreckt ist. Guter, reiner und dazu billiger Whisky ist schwer zu beschaffen, und obgleich wir von der Polizei alle wissen, daß Lars Kipple das Zeug herstellt, lassen wir ihn in Ruhe. Bei dem geht's hygienisch einwandfrei zu, und er verlangt nur fünf Dollar die Gallone.

Aber das nur nebenbei. Ich wollte Ihnen lediglich klarmachen, daß Chitterden, Kalifornien, für einen Polizeichef ein recht angenehmer Posten ist – oder vielmehr war – bis vor zwei Monaten.

Es tat uns allen leid, als Eliza Chitterden starb. Sie war die älteste der vier Töchter des alten Chitterden, der die Stadt gegründet hatte, und war mit ihren Schwestern in der Villa auf dem Hügel wohnen geblieben.

Das Bergwerk des Alten war schon vor dreißig Jahren eingegangen, aber er hatte den Profit klug investiert, und sie lebten nicht schlecht von dem Vermögen, das er hinterlassen hatte. Nach dem Tod seiner Frau – sie starb 1920 bei Kates Geburt – hatte er dort oben mit eiserner Hand regiert. Er wurde zweiundneunzig, aber nicht, daß er deswegen je eine Spur von Senilität zeigte. Und die Verehrer seiner Töchter waren ihm allesamt nicht nach der Nase gewesen. »Die sind bloß hinter meinem Geld her«, sagte er immer.

Eliza war zweiundsechzig, als sie starb. Janet war achtundfünfzig, Sarah fünfundfünfzig und Kate siebenundvierzig. Doktor Kilton schrieb Elizas Tod einer Herzattacke zu.

Ihr Begräbnis war wunderschön, und hinterher mußte ich schon aus Höflichkeit hin und den drei Hinterbliebenen einen Beileidsbesuch machen. Ich kannte sie vom Sehen, hatte aber keinen gesellschaftlichen Kontakt zu ihnen. Das Gebäude im viktorianischen Stil auf einem zehn Morgen großen Grundstück voller Bäume und Blumenbeete in den weiten Rasenflächen war von einem schmiedeeisernen Staketenzaun umgeben, aber solange ich zurückdenken kann, hatte das Tor immer offengestanden.

Ich nahm Sergeant mit, meinen deutschen Schäferhund. Seit ich ihn mir vor sieben Jahren zugelegt habe, ist er mein einziger Gefährte. Gewöhnlich benimmt er sich tadellos, aber beim Anblick von so viel Gras und Bäumen konnte er nicht widerstehen, und ich ließ ihn eine Weile herumtoben. Dann rief ich ihn auf die Veranda und befahl ihm, sich zu kuschen. Er gehorchte mit vorwurfsvollem Blick.

Die Damen Janet, Sarah und Kate, alle drei in Schwarz, begrüßten mich an der Tür und baten mich zum Tee

hinein. Wir setzten uns ins riesige Wohnzimmer, das von einem zwölf Fuß breiten Kamin beherrscht wurde. Wirklich kalt wird es bei uns in Kalifornien nie, aber es war November, und die Wärme, die die lodernden Holzklötze verbreiteten, tat gut.
Ein Mädchen und ein Butler kamen und gingen auf Zehenspitzen, überbrachten Miss Janet Botschaften und füllten das Tablett auf. Ich sprach den Damen mein Mitgefühl aus, das sie still entgegennahmen, aber danach wußte ich nicht recht, was ich sonst noch sagen sollte.
»Hm – Miss Kate, wie ich gehört habe, sind Sie die Gärtnerin der Familie. Ihre Blumen sind herrlich.«
Ein freundliches Lächeln erschien auf ihrem faltenlosen, von weichem braunen Haar umrahmten Gesicht. »Danke, Chief. Ich hoffe, ich darf Ihnen einen Strauß meiner Herbstblumen mitgeben, wenn Sie gehen.«
Ich nickte zum Dank und biß in den Blätterteig eines Apfeltörtchens. »Ausgezeichnet, diese Törtchen. So zart und locker.«
»Die habe ich gebacken«, bemerkte Miss Sarah schüchtern. »Ich backe all unser Brot, und natürlich auch die Brötchen und Kuchen. Donnerstags, wenn unsere Köchin Ausgang hat, koche ich auch die Mahlzeiten. Ich bin furchtbar gern in der Küche.« Man sah Sarah ihre fünfundfünfzig Jahre nicht an, was sie vermutlich ihrem vernünftigen, tugendhaften Lebenswandel zu verdanken hatte. Aber ein wenig Make-up und ein Friseur hätten noch sehr viel mehr aus ihr machen können, fand ich. Und ab und zu ein Gläschen von Kipples Selbstgebranntem hätte ihr auch nicht geschadet.
Ich nahm die drei ein bißchen genauer aufs Korn und kam zu dem Schluß, sie hätten allesamt etwas Ab-

wechslung von ihrem täglichen Trott gebrauchen können.
Miss Janet stand auf. »Sehr freundlich von Ihnen, uns zu besuchen, Chief«, sagte sie. Damit war ich entlassen. Ob die Anwesenheit eines zweiundfünfzigjährigen Junggesellen sie nervös machte?
Ich erhob mich ebenfalls. »Danke für den Tee. Und wenn Sie mich brauchen sollten: Ich stehe Ihnen jederzeit zur Verfügung.«
Miss Kate folgte mir mit Blumenschere und Korb in den Vorgarten. »Ich schneide Ihnen rasch noch ein paar Blumen.«
Sergeant heftete sich an unsere Fersen, beschnupperte Miss Kate und knurrte leise.
»Das hat nichts zu bedeuten«, beruhigte ich sie. »Er ist Frauen nicht gewöhnt. Wahrscheinlich ist er eifersüchtig.«
Zwanzig Minuten später verließ ich das Anwesen mit einem großen Korb voll rosa und weißer Oleanderblüten, roter Rosen, Margeriten und einer kleinen eingetopften Stechpalme. Zum Schluß war Miss Sarah mir noch nachgelaufen und hatte mir *ihren* Beitrag gebracht: Ein frisches, in ein sauberes Geschirrtuch eingeschlagenes Brot und sechs Apfeltörtchen, die sich unter ordentlich gefaltetem Pergamentpapier abzeichneten. Miss Janet hingegen winkte mir nicht einmal nach. Wenn schon, man kann ja nicht alle Herzen im Sturm erobern.
Ich mußte viel über die Chitterdens nachdenken, über ihr schönes großes Haus und all ihr Geld. Wie leicht konnten Frauen, die so ausgehungert nach männlicher Gesellschaft waren, einem Mitgiftjäger ins Garn gehen! Immerhin schien wenigstens Miss Janet der Situation gewachsen. Sie hatte genug von dem alten

Chitterden mitbekommen, um die beiden Jüngeren vor Dummheiten zu bewahren. Aber ich beschloß, selbst die Augen offenzuhalten, und wies meine Leute an, mich über etwaige Neuankömmlinge in unserer Stadt auf dem laufenden zu halten. Heiratsschwindler und andere Betrüger haben eine Nase für vermögende alte Jungfern und spüren sie über kurz oder lang selbst in so abgelegenen Nestern wie dem unseren auf.
Am Tag, als ich den Korb und das von meiner Hauswirtin gewaschene und gebügelte Geschirrtuch zurückbrachte, traf ich Miss Kate im Garten an. Ich ging den Weg zur Veranda hinauf, als sie mich mit ihrem Zuruf überraschte. »Nett, Sie zu sehen, Chief! Kommen Sie doch einen Augenblick herüber und sehen Sie sich meine Blumen an.« Sie nahm mir den Korb ab, stellte ihn auf die Erde und führte mich einen mit Ziegeln gepflasterten Pfad entlang. »Ist meine Hortensie nicht wunderbar? Wie große Schneebälle, diese Dolden, finden Sie nicht?«
Ich brummte zustimmend und fuhr fort, die Büsche und Stauden zu bewundern, aber die Namen waren mir alle neu: Lupine, Sternanis, Wilder Wein, Glyzinie.
Schließlich setzten wir uns auf eine Steinbank unter einem großen Pfefferbaum.
Miss Kate trug ein langärmeliges dunkelblaues Kleid, dunkle Strümpfe und derbe Schuhe, die Uniform der Chitterdens. Aber unattraktiv war sie deswegen noch lange nicht, auch wenn sie kein übermäßig interessanter Mensch war. Was Wunder, bei ihrem eintönigen Leben?
Sie blickte mich mit ihren klaren blauen Augen an. »Ich hätte wegen einer Sache gern Ihren Rat.«
»Aber natürlich, Miss Kate.«

»Glauben Sie, man ist mit siebenundvierzig zu alt, die Welt zu sehen? Ich meine, die *wirkliche* Welt. Vater fuhr vor dreißig Jahren einmal mit uns nach San Francisco. Wie wir das genossen haben! Ich beobachtete die Schiffe von unserem Hotelfenster aus und wäre so gern mitgefahren. Auf so einem Schiff rund um die Welt zu reisen, stellte ich mir einfach herrlich vor.« Ihre Augen leuchteten beim Gedanken daran.

Ich mußte lächeln. »Sie haben Zeit und Geld und Reiselust, Madam – was sollte Sie daran hindern? Aber ich muß Sie warnen, falls Sie Ihren Wunsch in die Tat umsetzen: Seien Sie vorsichtig, was Reisebekanntschaften angeht. Kriminelle Elemente jeder Sorte werden so sicher vom Reichtum angezogen wie die Stecknadel von einem Magneten.«

»Ach das – über solche Dinge weiß ich Bescheid.«

Ich war überrascht. »So?«

»In Vaters Bibliothek stehen zwei Regale voller Bücher über Mörder, Hochstapler, Schwindler, Betrüger, die mit nicht vorhandenen Waren, Grundstücken, Häusern Geschäfte machen und ... ach, alles mögliche.«

Der alte Chitterden war tatsächlich schlau gewesen. Ich hatte ihn richtig eingeschätzt.

»Dann sollten Sie fahren, finde ich. Und bald. Sie kennen doch die alte Redensart: Es ist später, als man glaubt.«

Sie lächelte mich dankbar an. »Kommen Sie. Ich bringe Sie zu Sarah in die Küche. Sie hat heute ihren Koch- und Backtag.«

»Und Miss Janet?«

»Die ist zu unserem Rechtsanwalt gegangen. Und beim Pfarrer wollte sie auch hineinschauen. Sie bleibt mindestens noch eine Stunde weg.«

Die Küche war riesig, peinlich sauber und voller Son-

nenschein. Überall hingen kupferne Töpfe und Pfannen und eine große Menge Küchengerät, und es duftete nach frisch gebackenem Brot, brodelndem Fleisch und Zwiebeln. Es war eine altmodische Küche, und der große Herd war gut und gerne vierzig Jahre alt, schätzte ich, aber man hätte ohne weiteres eine Mahlzeit für hundert Personen darauf kochen können. Sarah stand am Tisch in der Mitte des Raumes und rollte Teigfladen aus. Als sie mich sah, wischte sie sich die Hände an ihrer gestärkten weißen Schürze ab, die sie fast völlig einhüllte.
»Chief! Wie nett! Kommen Sie herein. Eine Tasse Kaffee?«
Ich setzte mich mit den beiden an den Küchentisch, und wir schlürften Sarahs köstlichen Kaffee.
Sarah strahlte mich an. Sie sah aus wie ein kleines Kind vor dem Weihnachtsbaum. »Hat Kate Ihnen von unserem Plan erzählt, Chief? Ich meine, von der Weltreise, die wir machen wollen?«
»Ja, das hat sie, und ich finde, es ist eine großartige Idee.«
Sie lächelten beide und nickten sich zu. »Ich glaube, wir kriegen sogar Janet rum, mitzufahren«, sagte Sarah.
Kate zuckte die Achseln. »Versuchen können wir es ja.«
Ein paar Minuten später, ich unterhielt sie gerade mit einer Geschichte, wie wir kürzlich ein Destilliergerät zerdeppert hatten, dröhnte eine Stentorstimme zu uns herein. »Wir bewirten Gäste nicht in der Küche, meine Damen!« Miss Janet stand bedrohlich groß im Türrahmen.
Sarah und Kate blickten betroffen zu Boden.
»Ich – ich wollte den Chief gerade bitten, zum Abendbrot zu bleiben«, sagte Sarah endlich. »Ich habe für

heute mein Lammragout mit Klößen auf dem Herd.«
Die älteste der Schwestern nahm die Einladung prompt zurück. »Vielleicht ein andermal.«
Ich bewahrte soviel Haltung, wie ich konnte, dankte den beiden für ihre Gastlichkeit und machte mich aus dem Staub.
Am nächsten Morgen um neun rief Dr. Kilton an und meldete mir, Janet Chitterden sei an Herzversagen gestorben.
»Sind Sie sich da ganz sicher?« fragte ich.
»Selbstverständlich!« erwiderte er ziemlich gereizt. »Janet und Eliza waren seit vier Jahren bei mir in Behandlung. Ich habe ihnen Digitalis in hoher Dosierung verordnet, ihre Ernährung überwacht und sie angewiesen, körperliche Anstrengungen zu meiden. Janets Tod zeigte alle Symptome eines überlasteten Herzens, das einfach nicht mehr weiterpumpen wollte.«
Natürlich bin ich nur ein Kleinstadtpolizist, aber ich bin nicht dumm. In manchen Familien ist die Anlage zu Herzkrankheiten erblich, das weiß ich, aber wenn zwei Mitglieder, noch dazu eingefleischte alte Jungfern ohne irgendwelche Wünsche nach Veränderung, so kurz hintereinander wegsterben, dann... Na, ja, wenn es um Millionen geht, sind die Hinterbliebenen immer verdächtig, ganz gleich, ob man ihnen was nachweisen kann oder nicht.
Aber jeder wußte, daß es nie Streit um das Erbe gegeben hatte. Die Schwestern waren zusammengeblieben und hatten alles miteinander geteilt, obgleich sie alle weit über die einundzwanzig hinaus waren und jede hätte machen können, was sie wollte. Wo also war das Motiv? Außerdem fiel es mir schwer, die Blumenliebhaberin Kate und Sarah, die passionierte

Köchin, irgendwelcher dunkler Machenschaften zu verdächtigen. Also ging ich zum Begräbnis, sprach den beiden Übriggebliebenen mein Beileid aus und ließ die Sache auf sich beruhen.

Während der folgenden Monate verbrachte ich jeden Donnerstagabend in der Villa der Chitterdens, genoß Sarahs Feinschmeckermenüs, Kates Blumenarrangements und unsere Cribbage-Spiele. Manchmal setzte Kate sich ans Klavier, und wir sangen unser Repertoire altbekannter Lieder herunter. Es war keine schlechte Unterhaltung, wenn man bedenkt, daß es weder Rundfunk noch Fernsehen im Hause gab. Ich brachte Sergeant immer mit, aber er weigerte sich, ins Haus zu kommen. Er rollte sich auf der Terrasse zusammen und wartete dort auf mich. Sarah hatte die Köchin angewiesen, alle Knochen für ihn aufzuheben, aber er rührte sie nicht an.

Eines Abends, wir tranken Kaffee und ließen uns Sarahs Hefegebäck schmecken, fragte ich: »Na, wann geht's denn los nach Europa?«

Sie blickten sich verwirrt an.

»Ich glaube, bald«, sagte Kate endlich. »Es ist nicht so einfach, sich in etwas ganz Neues zu stürzen, ganz gleich, wie lange man daran gedacht und es herbeigewünscht hat!«

Sarah nickte zustimmend. »Ja, es ist all das Drum und Dran. Vor einer solchen Reise ist soviel zu tun und zu bedenken. Wir müssen uns Pässe besorgen, Kleider kaufen, jemanden finden, der das Haus in unserer Abwesenheit beaufsichtigt und in Ordnung hält. Außerdem können wir keine Fremdsprachen und werden deshalb so vielen wildfremden Menschen blind vertrauen müssen.« Sie setzte eine wichtigtuerische Miene auf. »Kate hat mir von Ihrer Warnung erzählt, und

ich bin ganz Ihrer Meinung: Für Reiche kann so eine Reise problematisch werden.«
Ich schüttelte den Kopf. »Aber ich bitte Sie, meine Damen! Es braucht doch niemand zu erfahren, daß Sie reich sind. Reisen Sie wie ganz normale Durchschnittsbürger! Ich bezweifle, daß Ihr Name über Kalifornien hinaus bekannt ist, und bin überzeugt, Sie werden keinen Ärger bekommen.«
Sarah schien begeistert. »Aber natürlich, Kate! Der Chief hat recht. Wir könnten wirklich verreisen. Ganz sicher könnten wir das.«
Kate nickte. »Und wir *werden* verreisen.«
Danach verabschiedete ich mich.
Um ein Uhr nachts rief Doktor Kilton bei mir in der Wohnung an. »Sarah und Kate liegen in Krämpfen, Chief. Eins der Hausmädchen holte mich vor einer halben Stunde. Ich habe die beiden ins Krankenhaus gebracht und lasse Magenspülungen vornehmen. Es sieht nach einer Vergiftung aus. Unbeabsichtigt, versteht sich. Sie werden sich beim Pilzesuchen versehen haben oder etwas Ähnliches.«
Ich machte mich sofort zu unserem kleinen Spital auf. Drei Stunden waren eine lange Wartezeit, bis ich es erfuhr: Sarah war nicht mehr zu retten gewesen, aber Kate würde durchkommen.
»Ich weiß nicht, was ich davon halten soll«, sagte Dr. Kilton. Wir hatten uns in sein Schreibzimmer zurückgezogen. »Ich wünschte, ich hätte die nötigen Laboreinrichtungen für solche Fälle.« Er musterte mich verstimmt. »Sogar meine krebsverdächtigen Gewebeproben muß ich fünfzig Meilen weg ins pathologische Labor schicken. – Schnittwunden, Brüche, Geburten, Blinddärme, Impfungen... mit alledem werde ich alleine fertig, aber alles, was auch nur ein klein wenig

aus dem Rahmen des Alltäglichen fällt...« Er schüttelte die zerzauste Mähne.
Ich klopfte ihm auf die Schulter. »Schon gut, Doc. Geben Sie mir die Proben. Ich fahre damit rüber in die City.«
Ich mußte zwei Tage in der City drangeben, aber das störte mich nicht weiter. Ich benutzte die Gelegenheit, mich umzusehen, und war dankbar, daß ich mich nicht mit den Verkehrsproblemen meiner dortigen Kollegen herumzuschlagen brauchte. Natürlich schaute ich auch bei ihnen im Präsidium vorbei und wurde sehr zuvorkommend behandelt. Wie ich von meinen Kollegen hörte, hätte ich Kates und Sarahs Mageninhalte ganz umsonst analysieren lassen können, statt fünfzig Dollar auf den Tisch des piekfeinen Privatlabors zu blättern. Jedenfalls lag der Befund nach zwei Tagen vor, und ich fuhr nach Hause und brachte ihn Dr. Kilton.
»Glauben Sie, ich könnte mich bei Eliza und Janet geirrt haben?« Er schien tief aufgewühlt.
»Wenn ja, dann hätte dieser Irrtum jedem passieren können«, gab ich zurück. »Die Chitterdens und morden? – Niemals! So was würde ich keiner einzigen zutrauen. Außerdem hatten sie absolut keinen Grund, sich gegenseitig umzubringen.« Ich ließ mir die Sache noch einen Moment durch den Kopf gehen. »Fragt sich nur, wer das Geld kriegt, falls auch die letzte draufgehen sollte. Das muß ich jetzt schleunigst herausfinden.«
Ich stürzte aus Dr. Kiltons Ordination und fuhr mit Vollgas zu Mr. London, dem alten Rechtsanwalt, der die Chitterdens seit Jahren beraten hatte. Er praktizierte seit eh und je in unserer Stadt, so lange schon, daß man ihn übersah wie einen Baum im Wald. Jeder wußte, daß er da war, aber er fiel niemandem mehr auf.

Dr. Kilton und ich gehören wohl auch zu dieser Kategorie, und der Metzger, der Eisenwarenhändler, der Postbeamte ebenso. Es gibt so viele, die tagtäglich, jahrein, jahraus dasselbe tun und nicht mehr beachtet werden.

Zuerst wollte er nicht mit der Sprache heraus. Redete von beruflicher Schweigepflicht. Doch als ich ihm die drei Sterbefälle und den vierten, der beinahe auch einer geworden wäre, unter die Nase rieb, gab er klein bei. »Aber kann ich mich darauf verlassen, daß diese Auskunft unter uns bleibt, Chief?« fragte ich.

»Wenn es um Mord geht, kann ich die Sache nicht geheimhalten, Mr. London. Andernfalls werde ich schweigen.« Mehr konnte ich ihm nicht versprechen, aber das schien ihm zu genügen.

Eine Stunde später wußte ich, wie der alte Chitterden über sein Vermögen verfügt hatte, und Mr. Londons Bescheid in Verbindung mit dem Laborbefund beantwortete alle meine Fragen.

Miss Kate saß auf der Steinbank im Garten, als ich die Auffahrt zum Haus hinaufschritt. Ich ging zu ihr hinüber und setzte mich neben sie.

»Ich weiß, was geschehen ist, Miss Kate«, sagte ich sanft. »Ich weiß, daß Eliza und Janet und Sarah starben, weil sie einen starken Aufguß aus Oleanderblättern getrunken hatten. Das ist ein Gift, das die Symptome einer Herzattacke hervorruft. Der Patient wird deshalb inkorrekt behandelt und stirbt.«

Sie sagte nichts.

»Ich weiß außerdem, daß Sie und Ihre Schwestern das Vermögen Ihres Vaters nicht zu gleichen Teilen erbten. Die jeweils Älteste hatte das alleinige Verfügungsrecht.«

Sie stieß einen Seufzer aus. »Dabei hatte ich so sehr

gehofft, Sie alle mit dem kleinen Schluck, den ich selbst trank, hinters Licht zu führen.« Sie umklammerte meine Hände. »Wissen Sie auch, was das heißt, so leben zu müssen, wie ich siebenundvierzig Jahre lang gelebt habe? Als Eliza und Janet nicht mehr waren, dachte ich, ich könnte endlich über mich selbst bestimmen. Aber dann hatte Sarah Bedenken wegen der Reise, und selbst wenn sie keine gehabt hätte ... wer will denn mit seiner Schwester auf eine Weltreise gehen?« Sie senkte das Gesicht auf ihre Hände, und das Weitere kam halb erstickt heraus. »Ich wollte Liebe ... einen Mann, der mich in die Arme nimmt ... wollte die Welt kennenlernen ... Chitterden kann doch nicht alles sein, der Anfang und das Ende.«
Sie nahm die Hände vom Gesicht und blickte mich an. Es war nicht schwer, Mr. London und Dr. Kilton davon zu überzeugen, daß es sich um Unglücksfälle gehandelt hatte, und sie kehrten beruhigt zu ihrer gewohnten Routine zurück. Natürlich ist es ein bißchen beängstigend, mit einer Mörderin verheiratet zu sein, das gebe ich zu. Aber solange ich mich auf unseren Reisen und auch sonst überall und immer nach ihren Wünschen richte, fühle ich mich sicher. Jedoch schließe ich nicht aus, daß ich mich eines schönen Tages selbst aufs Gärtnern verlegen werde.

Das Arrangement

Frank Sisk

Um Viertel vor eins gab es bei Marvin Morrell die letzten Drinks. Die Uhr über der Theke ging ständig fünf Minuten vor, um die langsamen Trinker zur Eile zu mahnen und die Betrunkenen rechtzeitig zur Sperrstunde von ihren Gläsern loszueisen.
Gegen fünf nach eins hielten sich meistens nur noch Morrell und sein Barkeeper für die Spätschicht, Pete Lavelle, im Lokal auf. Die Lichter im Restaurant waren gelöscht, in der Bar brannte lediglich die Lampe neben der Registrierkasse. Sowohl die hintere Tür als auch der Haupteingang waren verschlossen.
Alles spielte sich auf alteingefahrenen Gleisen ab. Morrell prüfte den Ausdruck der Tageseinnahmen, dann öffnete er die Lade der Kasse und begann, das Geld zu zählen.
Manchmal knabberte er mit konzentrierter Miene an seinem schmalen Oberlippenbärtchen, während seine gepflegten Hände geschmeidig wie die eines Zauberkünstlers im fahlen Lichtkegel agierten.
Unterdessen räumte Lavelle Gläser und Aschenbecher von den Tischen und wischte die Kunststoffplatten mit einem trockenen Tuch ab. Danach säuberte er die Theke. Die gereinigten Aschenbecher stapelte er aufeinander und stellte sie in eines der hinteren Regale. Die Gläser tauchte er zuerst in lauwarmes Wasser, dem ein Reinigungsmittel zugefügt war, dann spülte er sie

unter einem kalten Strahl ab.
Als das letzte Glas auf dem Ablaufbrett stand, trocknete er sich die Hände an einem sauberen Handtuch ab, rollte die aufgekrempelten Hemdärmel hinunter und nahm seine Jacke von einem Haken. Sämtliche Bewegungen waren fließend und gingen ineinander über. Mit einem abschließenden Blick in die dunklen Winkel und Ecken des Lokals sagte er, wie immer:
»Soll ich dir noch einen Drink mixen, bevor ich gehe, Marv?«
Und während Morrell die Tageseinnahmen in einer Leinentasche verstaute, gab er seine übliche Antwort:
»Nein, danke, Pete. Das ist nicht nötig.«
»Stimmen die Einnahmen?«
»Scheint so. Vielleicht ist etwas Kleingeld zuviel in der Kasse.«
»Besser als zu wenig. Also ich gehe dann, Marv.«
»Gute Nacht, Pete. Vergiß nicht, die hintere Tür wieder abzusperren.«
»In Ordnung, Marv. Bis morgen.«
In dieser Nacht änderte sich die sonst so starre Routine. Lavelle verschwand im dunklen Restaurant, wo sich die hintere Tür befand, doch bereits nach wenigen Sekunden kehrte er zurück. Sein unnatürlich langer Schatten huschte über die Wände. Die Arme hielt er hoch über dem Kopf erhoben, und er schien einen zweiten, noch größeren Schatten mit sich zu ziehen.
Morrell stand im Begriff, sich an seinem allerbesten Kognak zu stärken, als er im Spiegel hinter der Theke eine vage Andeutung von Lavelle bemerkte. Ohne sich umzudrehen, fragte er: »Was vergessen, Pete?«
»Eigentlich nicht«, antwortete Lavelle mit gepreßter Stimme.

»Weshalb kamst du dann zurück?«
»Wir haben Besuch, Marv.«
Morrell stellte die Flasche mit dem erlesenen Kognak ins Regal zurück. »Was du nicht sagst«, erwiderte er. Angestrengt ins Dunkel spähend, erkannte er, daß der große Schatten hinter Lavelle gar kein Schatten war. Langsam drehte er sich um.
»Ein Freund, der noch Durst hat, Pete?«
»Das glaube ich kaum, Marv.«
»Gut geraten, Kumpel«, näselte der Schatten.
»Er hält mir irgendeine Waffe ins Kreuz, Marv«, erklärte Lavelle.
»Nicht irgendeine, sondern eine Achtunddreißiger, die dir ein faustgroßes Loch in den Bauch reißen kann, mein Junge«, ergänzte der Schatten. Seine Stimme klang immer noch merkwürdig gedämpft. »Mach also keine Faxen, Marv, sonst bleibt deine Kneipe morgen wegen eines plötzlichen Sterbefalls geschlossen.«
Verstohlen schielte Morrell nach seiner Pistole, die in einem Lederhalfter von der Theke, gleich unter der Registrierkasse, hing.
»Mach keine Dummheiten, Marv, bitte«, warnte Lavelle.
»Keine Sorge, Pete. Ich bin zwar nicht feige, aber ich bin auch kein Idiot.«
»Das ist die richtige Einstellung, Mann.« Der Schatten löste sich von Lavelle und entpuppte sich als eine Gestalt von ungefähr einem Meter achtzig Größe und fünfundsiebzig Kilo Gewicht. Der Kerl trug eine Gummimaske, die eine Dämonenfratze darstellte, und Handschuhe. Die widerliche Maske erklärte, warum seine Stimme so undeutlich klang. Ansonsten war er sommerlich normal gekleidet – offenes Sporthemd, dunkle Hose, Schuhe aus Segeltuch und mit dicker

Sohle.
»Sie halten die Trümpfe in der Hand, Mister«, meinte Morrell.
»Vor allen Dingen die Waffe«, betonte der Mann. Morrell entging nicht, wie er die Pistole hielt. Der Mann war den Umgang mit Schußwaffen nicht gewohnt. Seine Beobachtung verursachte ihm eine Gänsehaut, doch er ließ sich nichts anmerken. Mit teilnahmsloser Miene fragte er:
»Was können wir für Sie tun, Mister?«
»Geben Sie mir die Tageseinnahmen, mehr verlange ich nicht.«
»Das läßt sich einrichten«, entgegnete Morrell. Er schickte sich an, in das hintere Regal zu greifen, wo die Leinentasche lag.
»Keine Bewegung, Marv«, befahl der Maskierte. In seiner Stimme schwang ein nervöser Unterton mit.
»Aber ich muß doch –«
»Rühr dich nicht vom Fleck, Marv, sonst puste ich dir deinen albernen Bart von der Schnauze.«
Langsam wandte sich Marv wieder um. Dieser Trottel, dachte er. Begeht seinen ersten Überfall und macht sich vor Angst in die Hose. »Na schön, Kamerad«, meinte er. »Sag mir, was ich tun soll, und ich werd's ausführen. Ich bin meinem Geld nicht böse, aber für ein bißchen Knete will ich nicht ins Gras beißen.«
»Her mit den Flöhen«, forderte der Mann. »Reich mir das Geld rüber.«
»Das wollte ich doch gerade tun.«
»Öffne die Kasse.«
»In der Kasse befindet sich jetzt kein Geld«, erklärte Morrell. »Ich habe die Tageseinnahmen gezählt und für den Nachtschalter eingesackt.«
»Eingesackt?«

»Richtig. Wie ich sehe, kennst du dich aus, mein Junge.«
»Halt die Klappe und gib mir das Geld.«
»Dazu muß ich mich umdrehen.«
»Na schön, aber im Zeitlupentempo, bitte.«
Morrell gehorchte. Als er die Tasche in der Hand hielt, liebäugelte er für den Bruchteil einer Sekunde mit dem Gedanken, sie in das maskierte Gesicht zu schleudern. Doch er entschied sich anders. Der Kerl war verrückt genug, um einfach loszuballern, und womöglich traf er noch etwas oder jemanden.
»Soll ich dir die Tasche zuwerfen?«
Der Idiot hätte um ein Haar genickt, doch er besann sich noch rechtzeitig. »Leg sie auf die Theke, du schlauer Fuchs.«
Morrell fügte sich widerspruchslos.
Mit dem Ellbogen stieß der Maskierte Lavelle in die Rippen. »Los, hol sie.«
Drei große Schritte brachten Pete an die Bar. Er griff nach der Tasche.
»Jetzt zurück zu mir«, bestimmte der Mann.
Lavelle machte kehrt.
Der Mann nahm ihm die Tasche ab und befahl: »Du folgst mir jetzt zum Haupteingang, und wenn wir dort sind, schließt du die Tür auf.«
Lavelle gehorchte.
Auf der Schwelle der geöffneten Tür stehend, gab der Maskierte eine letzte Warnung. »Ihr rührt euch mindestens fünf Minuten lang nicht vom Fleck. Andernfalls passiert etwas.«
Mit voller Wucht warf er die Tür ins Schloß. Sie hörten, wie er losrannte, den asphaltierten Parkplatz überquerte und dann immer noch weiterlief.
»Wenn er irgendwo einen Wagen abgestellt hat, dann

nur in dieser Straße«, mutmaßte Lavelle.
Morrell nickte und griff nach dem Telefon. »Verbinden Sie mich mit der Polizei«, bat er die Vermittlung.
Während sie auf das Eintreffen der Polizei warteten, fragte Morrell:
»Wie zum Teufel kam der Kerl hier herein, Pete?«
»Er muß sich in der Herrentoilette versteckt haben, als die Kellnerinnen die Türen abschlossen.«
»Kam er dir aus der Herrentoilette entgegen?«
»Das nicht. Als ich durch das Restaurant gehen wollte, entdeckte ich ihn, wie er in einer Ecknische saß. Als hätte er dort bloß darauf gewartet, daß das Geld gezählt wurde.«
»Das war aber kein Profi.«
»Woher willst du das wissen, Marv?«
»Irgend etwas an ihm kam mir bekannt vor. Ich weiß nicht, was es ist, aber ich habe so ein merkwürdiges Gefühl.«
»Meinst du, er könnte einer von unseren Gästen sein?«
»Vielleicht. Denk mal nach, kannst du dich erinnern, das Sporthemd schon mal gesehen zu haben?«
»Jeder zweite Mann trägt solch ein Sporthemd, Marv. Außerdem war heute viel Betrieb an der Bar, selbst für einen Freitagabend. Ich hatte gar nicht die Zeit, auf die Bekleidung der Gäste zu achten.
»Und die Segeltuchschuhe?« sinnierte Morrell laut. Er sprach mehr zu sich selbst als zu Pete.
»Im Sommer sind Segeltuchschuhe nichts Ungewöhnliches, Marv. Das weißt du genausogut wie ich.«
»Ja, sicher, du hast recht.« In den Fensterscheiben tauchte das Licht von Autoscheinwerfern auf. »Die Polizei. Mach mal auf, Pete.«
Der Maskierte hatte vierhundertdreiundachtzig Dollar und achtundzwanzig Cent mitgenommen. Die Sum-

me war groß genug, um Morrell ein wenig zu schädigen, aber weitaus mehr schmerzte ihn die Vorstellung, von einem regelrechten Stümper in die Tasche gesteckt worden zu sein.
Im Laufe seines Lebens war er schon ein paarmal überfallen worden, jedoch von Experten, und für diesen Verbrechertyp hegte er eine Art grimmigen Respekt.
Der Mann mit der Gummimaske dagegen verkörperte in jeder Hinsicht den Dilettanten, angefangen von den dicksohligen Turnschuhen. Es waren Schuhe, wie Segler sie trugen, um die auf Hochglanz polierten Decksplanken ihrer Boote nicht zu beschädigen...

Kurz vor drei Uhr morgens betrat Morrell seinen Bungalow. In der großen Diele wartete Tillie auf ihn. Gegen den matten Lichtschein, der aus der geöffneten Küchentür drang, hob sich ihre breite Silhouette ab. Sie trug einen Morgenmantel.
»Du kommst später als gewöhnlich«, empfing sie ihn.
»Ich wurde überfallen.«
»Mach keine Witze.«
»Mir ist nicht nach Scherzen zumute. Ich wurde von einem maskierten und bewaffneten Mann ausgeraubt.«
»Ach, du meine Güte, das ist ja schrecklich. Wann ist es denn passiert?«
»Eine Minute, nachdem wir geschlossen hatten.« Müde schickte Morrell sich an, die Treppe hinaufzusteigen.
Tillie eilte ihm nach. »Hat er dir viel abgeknöpft, Marv?«
»Die gesamte Tageseinnahme.«
»Du bist doch nicht verletzt oder so?«

»Nee.«
»Na, das ist doch wenigstens etwas.« Sie erreichten den Treppenabsatz und standen vor der geöffneten Tür eines Schlafzimmers, in dem Licht brannte. »Möchtest du nicht noch zu mir hereinkommen und mir alles erzählen, Schatz?«
»Heute nicht, Tillie. Ich bin hundemüde.«
»So war das doch nicht gemeint, Marv.« Sie errötete tatsächlich, und das in ihrem Alter. »Ich bin lediglich neugierig, wie sich der Überfall in allen Einzelheiten abgespielt hat.«
»Wenn das alles ist, was du willst«, neckte Morrell sie, »dann brauchst du morgen früh nur die Nachrichten im Radio zu hören. Gute Nacht.«
Tillie öffnete den Mund zu einem milden Vorwurf, doch ihr Gatte zog sich bereits in sein eigenes Zimmer zurück.
Vor fünf Jahren hatte Morrell Tillie sehr gern gehabt, doch nicht aus diesem Grund hatte er sie geheiratet. Damals war sie natürlich noch jünger und auch schlanker gewesen, aber die entscheidende Rolle hatte das Geld gespielt.
Tillie besaß eine ganze Menge davon. Sie war nicht unbedingt eine reiche Frau, doch ziemlich wohlhabend. Vor allen Dingen zeigte sie sich bereit, ihm unter gewissen Bedingungen finanziell unter die Arme zu greifen. Morrell, der fünfunddreißig Jahre lang instinktiv vor einer Ehe zurückgeschreckt war, ging schließlich auf diese Bedingungen ein.
Nun, da das Lokal, das sie ihm finanziert hatte, florierte und allein unter seinem Namen lief, brauchte er Tillie im Grunde gar nicht mehr. Seine mäßige Sympathie für sie flachte allmählich zu einer gleichgültigen Vertrautheit ab.

Aber sie verfügte immer noch über ein beträchtliches finanzielles Polster, und er, der das Naturell eines Spielers besaß, schätzte die Sicherheit, die ihm diese Reserve bot. Er hielt sich Tillie warm für den Fall, daß er wieder einmal ohne einen Cent in der Tasche dasaß. Außerdem besaß er in Tillie ein bequemes Alibi, wenn andere Frauen ihn zu sehr mit ernsthaften Absichten bedrängten.

Eine dieser aufdringlichen Damen war ein blondes, exquisites Zuckerpüppchen namens June Reeve. Am kommenden Nachmittag gegen vier rief sie ihn an. Außer freitags rief sie ihn täglich um diese Zeit an, und selbst nach drei Monaten vermochte der prickelnde, geile Unterton in ihrer Stimme ihn immer noch zu erregen.

»Bist du allein, Süßer?« fragte sie.

Morrell lehnte sich in dem Drehstuhl zurück und schwang ein Bein auf die Schreibtischplatte. »Ja, Liebling.«

»Bei mir ist die Luft auch rein.«

Morrell spitzte die Lippen und gab einen schmatzenden Kußlaut von sich. »Ich hätte Lust, zu dir zu kommen, mein Kleines. Wirklich große Lust.«

»Die Leute von nebenan sind übers Wochenende in die Berge gefahren.«

»Du hast's geschafft, Liebling. Was darf ich dir mitbringen?«

»Hauptsache, du kommst. Das heißt, ein paar Flaschen Champagner wären eine nette kleine Zugabe.«

»Stell schon mal die Gläser kühl, Liebes.« June war die erste Person, mit der er an diesem Tag sprach, die den Überfall nicht erwähnte. Es war typisch für sie, ein solches Ereignis als Nebensächlichkeit zu betrachten. Ihr Leben wurde von einem einzigen Thema beherrscht, und gerade diese Einseitigkeit liebte er an ihr. Doch ihr Ehemann, diese schemenhafte Gestalt, tat ihm leid.

Ein paar Stunden später, sie leerten gerade die letzte Flasche Champagner, äußerte June unvermittelt:
»Ich wünschte, wir hätten uns vorher kennengelernt, Marv.«
»Vorher?«
»Ja, ehe wir uns mit den falschen Partnern zusammentaten.«
Er stand vor dem Ankleidespiegel und knöpfte sich sein Hemd zu.
»Du mußt das so sehen, Schätzchen – besser spät als nie.«
»Eine Frau gibt sich damit nicht zufrieden!«
»Tja, jetzt können wir nichts mehr an der Situation ändern.«
»Ich kann mich jederzeit scheiden lassen, Marv. Hast du schon mal an eine Scheidung gedacht?«
Lächelnd drehte er sich zu ihr um. »Es mag komisch klingen, aber meine alte Dame gibt mir keinen Grund zur Scheidung. Wie steht es mit deinem Mann?«
»Mit etwas Phantasie fällt einem immer ein Grund ein.«
»Typisch Frau.« Ihr übertrieben zuzwinkernd, trat er an den Stuhl, über dessen Lehne sein Jackett hing. Dabei stieß er mit dem Fuß gegen etwas, und er blickte zu Boden. Sein Gesicht zeigte einen Ausdruck der Überraschung, doch seine Stimme klang vollkommen unbeteiligt, als er fragte: »Sag mal, June, ahnt dein Mann, daß du ein Verhältnis hast?«
»Wundern würde es mich nicht.«
»Wie kommst du darauf?«
»Na hör mal, Schatz, die leeren Champagnerflaschen

wird er doch wohl kaum übersehen. Er gibt mir nicht mal genug Geld, daß es für ein Bier reicht.«

»Wenn er dich mal fragt, woher die Champagnerflaschen stammen, wirst du es ihm dann erzählen?«

»Warum nicht, Marv? Keine Angst, er ist harmlos.«

Während Morrell zu seinem Lokal zurückfuhr, versuchte er, die Teile des Mosaiks zusammenzufügen. Vor ungefähr zwei Monaten hatte ihn jemand auf Reeve aufmerksam gemacht. Morrell konnte sich gut an ihn erinnern – er besaß die gleiche Statur wie der Mann, der ihn überfallen hatte.

An sechs Abenden in der Woche fuhr Reeve mit einem leeren Lieferwagen nach Rockville in Maine und holte eine Fuhre lebender Hummer ab. Er hielt sich auf Booten auf, trug deshalb höchstwahrscheinlich dicksohlige Segeltuchschuhe.

Am Freitagabend hatte er frei, aus diesem Grunde kam er als Verdächtiger in Frage. Und dann diese Bemerkung, er wolle ihm »seinen albernen Bart von der Schnauze schießen«. Das klang verdammt nach der eifersüchtigen Stichelei eines gehörnten Ehemannes.

Falls Morrell noch letzte Zweifel gehegt hatte, so wurden sie zerstreut, als June ein paar Tage später während eines ihrer nachmittäglichen Telefonate bemerkte:

»Ich muß dir etwas ganz Tolles zeigen, Schatzi. Am besten, du kommst gleich mal rüber.«

»Deine interessanten Stellen kenne ich bereits, meine Süße.«

»Ach, du Schlimmer! Ich rede von etwas anderem. Wir haben ein Farbfernsehgerät.«

»Hat das der Weihnachtsmann gebracht?«

»Nein, Fred. Stell dir vor.«

»Ich stelle es mir vor.«

»Sein Chef gab ihm eine Prämie, weil er eine Ladung Hummer weit unter dem Marktpreis eingekauft hat. Komm doch bitte zu mir, Schatzi, ich habe Durst.«
»Ich glaube, ich habe jetzt etwas Abwechslung verdient«, sagte er halb zu sich selbst.
Er schätzte die Lage realistisch ein. Wenn er Reeve bei der Polizei anzeigte, riskierte er einen Skandal. Mit absoluter Sicherheit würde dieser blöde Kerl die Affäre zwischen seiner Frau und seinem Opfer an die große Glocke hängen.
Das mochte genügen, um Tillie zu veranlassen, die Scheidung einzureichen, doch dies war das letzte, was Morrell wollte. Solange er für Junes Reize noch so empfänglich war, brauchte er eine Art Notbremse, und die solide, ihm rechtmäßig angetraute Tillie stellte den idealen Puffer zwischen seiner Vernunft und seinem unkontrollierbaren Triebleben dar.

Vier Wochen später wurde Marvin Morrell ein zweites Mal überfallen. Wieder passierte es in der Nacht von Freitag auf Samstag, kurz nach Schließung des Lokals. Und wieder ließ der Ganove Pete Lavelle vor gezogener Waffe zur Theke marschieren.
Dieses Mal hörte Morrell sie jedoch kommen. Spontan griff er nach der Pistole, die in dem Lederhalfter unter der Registrierkasse hing, aber dann wurde ihm klar, daß er Reeve weder erschießen noch ihn der Polizei übergeben würde. Wenn er ihn tötete, wäre June ihrer ehelichen Bande ledig. Und er befürchtete, einer freien June könnte er nicht widerstehen.
»Dieses Mal fing er mich draußen vor der Hintertür ab, Marv«, erklärte Lavelle, als wolle er sich entschuldigen.
»Offenbar liebt der Herr die Abwechslung«, versetzte

Morrell. »Er möchte keine Langeweile aufkommen lassen.«
»Schnauze, Marv!« bollerte Reeve los. Dadurch, daß er wieder dieselbe Gummimaske trug und sich außerdem Mut angetrunken hatte, klang seine Stimme unartikuliert. »Gimmi bloß den Sack, dassis alles.«
Schweigend legte Morrell die Leinentasche auf die Theke. Sie war nicht so prall gefüllt wie das letztemal, doch immer noch schwer genug.
Morrell beschloß, von nun an die Tageseinnahmen vom Freitag bereits um zweiundzwanzig Uhr am Nachtschalter der Bank abzuliefern. Somit reduzierte sich die Summe Bargeld, die sich zur Sperrstunde in der Kasse befand, auf einen Betrag, den er als Entgelt für Junes Dienste zu zahlen bereit war.
Bis er ihrer überdrüssig wurde, mußte er sich eben diesen finanziellen Aderlaß gefallen lassen.
Als Reeve die Leinentasche von der Theke nahm, kehrte er Lavelle leichtsinnigerweise den Rücken zu. Einen Augenblick lang befürchtete Morrell, sein Barkeeper könne von einer Anwandlung von Mut heimgesucht werden, doch blaß und stumm sah Lavelle zu, wie Reeve sich wieder umdrehte und zur vorderen Tür schwankte.
Sehnsüchtig schielte Morrell nach seiner versteckten Pistole und stieß einen Seufzer des Bedauerns aus. Geduld, die Zeit wird kommen, tröstete er sich und griff nach einer Flasche des allerfeinsten Kognaks.

Ein Strick für zwei

Clark Howard

Es war Mittag, als der Reisebus den zentralen Busbahnhof von Los Angeles erreichte. Joe Kedzie stieg aus und trat in den Sonnenschein einer Großstadt, die er nach zehn Jahren zum erstenmal wiedersah. Mechanisch schlug er die Richtung zur Main Street ein. Er ging langsam und registrierte, wie sich die Geschäfte, die Autos, die Kleidung der Passanten seit damals verändert hatten. Keine zweireihigen Anzüge mehr und nur noch vereinzelte schwarze Wagen. Grün in allen Schattierungen, Gelb, Rosa und Rot waren die vorherrschenden Farbtöne. Und wie verwandelt die Läden aussahen! Alle erweitert und modernisiert. Auch die Röcke waren anders – vielleicht ein bißchen länger, dafür aber knapp an den Stellen, auf die es ankam. Kedzie schob den Gedanken an Frauen beiseite. Er würde später genug Zeit für sie haben. Wenn er seine hundert Mille in der Tasche hatte.
Er bog in die Main Street ein und schlenderte an den billigen Pinten und Tanzschuppen vorbei, in denen er früher ein- und ausgegangen war. Er erinnerte sich noch genau an die Schießbude, die Striplokale und die Bar, in der sich die Dealer getroffen hatten. Wahrscheinlich war sie auch jetzt noch ihr Hauptquartier. Hier änderte sich nichts, dachte er. Und wenn ich noch mal zehn Jahre Bunker kriegte, würde bei meiner Rückkehr immer noch alles beim alten sein.

Der Eingang des Main Line Hotels lag zwischen einer Bar und einer chinesischen Handwäscherei. Kedzie öffnete die Tür und schritt die sechs Stufen zur Halle hinauf. Hinter der Empfangstheke studierte ein pickeliger junger Mann schläfrig einen Wettschein. Kedzie blieb abwartend vor ihm stehen, bis es keinen Zweifel mehr gab, daß der Jüngling ihn absichtlich ignorierte. Er streckte den Arm über die Theke und riß ihm den Bogen aus der Hand.

Der junge Mann sprang von seinem Stuhl auf und lief rot an. »Was soll das!«

»Wie wäre es mit ein bißchen Service?« fragte Kedzie ruhig und legte den Wettschein auf die Theke. »Wohnt Madge Griffin noch hier?«

Der Portier markierte den starken Mann. »Wer verlangt diese Auskunft?«

»Werd nicht pampig, du Knilch!« gab Kedzie scharf zurück. »Sonst brech ich dir die Gräten. Ist Madge Griffin hier im Haus oder nicht?«

»Ja, sie wohnt hier«, sagte der junge Mann eingeschüchtert. »Zimmer zwei-zwölf.«

Kedzie nickte. Er durchquerte die Halle zur Treppe und stieg in den ersten Stock. Zwei-zwölf war das letzte Zimmer am Ende des schmuddeligen Korridors. Er blieb vor der Tür stehen und zündete sich eine Zigarette an, bevor er sachte anklopfte. Madges Stimme drang zu ihm heraus.

»Wer ist da?«

»Errol Flynn. Mach auf!«

Er hörte ihre Schritte näher kommen, dann öffnete sich die Tür. Sie blieb im Türrahmen stehen, Erschrecken in den sich weitenden Augen.

»Joe!«

»Hallo, Madge.«

Er machte einen Schritt auf sie zu, und sie trat zur Seite, um ihn vorbeizulassen. Ihr Zimmer war klein und verwohnt, wenn auch nicht ganz so schäbig, wie er erwartet hatte. Er steuerte auf einen Stuhl zu und setzte sich unter ihrem neugierig beobachtenden Blick. Sie zog langsam die Tür zu und lehnte sich dagegen.

»Wie läuft's denn so, Madge?« fragte er leichthin, als wären seit ihrem letzten Zusammensein nur ein paar Wochen vergangen, statt der zehn Jahre.

»Ach, man kommt über die Runden, Joe«, sagte sie. »Und wie geht's dir?«

Er grunzte nur und beäugte sie aufmerksam. Zehn Jahre älter war sie nun, hatte aber noch alles, was dazugehört. Gerade genug und an den richtigen Stellen. Nur um die Hüften war sie etwas voller als damals, als sie seine Freundin gewesen war. Und doch, dachte er amüsiert, sie ist nicht der Typ für einen Mann, der hunderttausend besitzt. War es früher nicht und ist es heute ebensowenig.

»Woher wußtest du, wo ich wohne, Joe?« fragte sie unvermittelt.

»Ich hab's erraten. Konnte mir denken, daß du wieder zurückkommen würdest. Ist ja so ungefähr deine Szene, das hier.«

Sie funkelte ihn an. »Was soll das heißen?«

»Schon gut, Baby«, warf er hin und fügte, um das Thema zu wechseln, hinzu: »Hast du was zu trinken?«

Sie trat an den Schrank und nahm eine fast volle Ginflasche vom Regal. »Aber ich hab nichts zum Mixen«, sagte sie. »Nimmst du ihn pur?«

Er schüttelte den Kopf. »Wahrscheinlich würde er mich umhauen. Vergiß es.«

Sie stellte die Flasche zurück, und Kedzie drückte

seine Zigarette aus und zündete sich eine neue an. Eine Flasche Gin im Schrank, dachte er. Das kommt hin. Madge hatte das Zeug noch nie gemocht, aber Maxie hatte sich immer an Gin gehalten. Er konnte also nicht weit sein. Abwarten und Tee trinken. Über kurz oder lang würde er aufkreuzen.

Madge trat ans Bett und setzte sich, und sie begannen zu plaudern, freundschaftlich, zwanglos. Nach zehnjähriger Pause gab es eine Menge Gesprächsstoff. Aber Kedzie wartete umsonst darauf, daß sie Maxie erwähnt. Schon das bewies ihm, daß sie wußte, wo er sich aufhielt. Sobald sie aus dem Zimmer war und an ein Telefon konnte, würde Maxie hören, daß er, Kedzie, zurück war.

Es war schon fünf, als sie schließlich fragte: »Und was machst du nun, Joe?«

»Wie meinst du das?« fragte er zurück, beschloß aber, nicht lange um die Sache herumzureden.

»Hast du schon ein Bett für heute nacht?«

»Nein, noch nicht. Hab mich wohl zu sehr daran gewöhnt, jeden Abend meine Koje gemacht und gebrauchsfertig vorzufinden. Da vergißt man, sich um solche Dinge zu kümmern, wenn man wieder für sich selbst sorgen muß.« Er hatte den Köder ausgelegt und hoffte, sie würde anbeißen. Und nach kurzem Zögern tat sie es.

»Soll ich dir hier ein Zimmer nehmen, Joe? Dann brauchst du nicht lange herumzusuchen.«

»Ich weiß nicht, Madge. Ich will nicht...«

»Hör zu, Joe. Ich gehe jetzt runter und buche dir ein Zimmer, und dann hole ich uns bei Jasis eine Pizza und kaltes Bier, dann können wir hier bei mir Abendbrot essen. Leg dich solange aufs Bett, Joe. Du siehst müde aus. Zieh dein Jackett aus und erhol dich ein

bißchen.«
»Ja, ich bin ziemlich geschafft, das gebe ich zu. Die erste Busreise nach zehn Jahren, weißt du. Das macht einen ganz schön fertig.«
»Also, dann hau dich erst mal hin, Joe.« Sie ergriff hastig ihre Handtasche. »Ich bin gleich wieder da.«
Als sich die Tür hinter ihr geschlossen hatte, legte er sein Jackett ab und streckte sich auf dem Bett aus. Nun ist es bald soweit, dachte er. In fünf Minuten hängt sie sich an die Strippe, dann dürfte Maxie gegen acht hier sein.

Eine Stunde später war Madge mit der Mahlzeit zurück. Kedzie zog einen Couchtisch heran, stellte die Pizza darauf und fing auf der Bettkante sitzend zu essen an. Madge öffnete zwei Bierdosen und brachte sie an den Tisch, dann setzte sie sich ihm gegenüber auf einen Stuhl.
Kedzie aß nicht viel und ließ seine Bierdose halb voll stehen. Er war scharf gewürzte Speisen nicht mehr gewöhnt, geschweige denn Alkohol. Später, wenn er sein Geld hätte, würde er sich nur das Beste gönnen.
Es war fast sieben, als sie ihre Mahlzeit beendet hatten.
Kedzie zündete sich eine Zigarette an, trat ans offene Fenster und blickte auf die Lichter der Main Street hinaus.
Madge stellte sich neben ihn. »Woran denkst du, Joe?«
»Bloß an die Lichter da unten und wie oft ich im Bau davon geträumt habe.«
»War es sehr schlimm, Joe – all die Jahre?« fragte sie sanft, aufrichtiges Mitgefühl in der Stimme. Es war ein Ton, den er nicht vertrug, zumindest nicht bei ihr.
»Wieso denn?« erwiderte er sarkastisch. »Das Ganze war ein Riesenspaß. Ich wäre noch länger geblieben,

aber sie wollten mich nicht dabehalten. Sagten, ich müßte raus, wenn meine Zeit um wäre.«
Wieder sah er ihre Augen aufblitzen, aber ihr Zorn berührte ihn nicht. Soweit es ihn betraf, hatte sie ihren Zweck damit erfüllt, Maxie über seine Rückkehr zu informieren.
»So warst du schon immer, Joe!« sagte sie heftig. »Du behältst alles für dich. Verkriechst dich in dein Schneckenhaus und läßt niemanden an dich ran. Hast dich in den zehn Jahren kein bißchen verändert.«
Er musterte sie kalt. Am liebsten hätte er ihr die geballte Faust ins Gesicht geschmettert. Schließlich war er in den vergangenen zehn Jahren nicht verblödet. Er hatte sich längst ausgerechnet, daß nur sie und Maxie ihn damals bei der Lohntransportgeschichte hereingelegt haben konnten. Er wollte ihr in die Ohren brüllen, daß er, noch bevor sie das Ding drehten, mit dieser Möglichkeit gerechnet hatte und daß ihnen ihr kleiner Trick trotz allem nicht ganz geglückt war, weil er sich beizeiten nach einem anderen Versteck für das Geld umgesehen hatte. Sie hatten ihn aufs Kreuz gelegt, aber wo das Moos gebunkert war, wußte niemand außer ihm selbst.
Kedzie holte gerade Luft, um Madges Vorwürfe mit einem Fluch zu beantworten, als es klopfte. Einen Augenblick zögerte sie beklommen, dann ging sie zur Tür und öffnete.

Zum zweitenmal an diesem Tag blickte Kedzie in ein Gesicht, das er vor zehn Jahren zuletzt gesehen hatte. Maxie hatte sich kaum verändert. Man sah ihm auch heute noch an, was er war – ein Gauner. Unverkennbar, diese Typen, dachte Kedzie: gutaussehende, geschniegelte Burschen mit einem Dauerlächeln und

unstetem Blick. Immer dabei, wenn sie Geld witterten. Maxie heuchelte Freundschaft. »Hallo, Joe, alter Junge.«
»Hallo, Maxie«, antwortete Kedzie. Du Hund, dachte er. Du hast mir zehn Jahre meines Lebens geklaut.
Maxie trat ein, schloß die Tür und setzte sich lässig auf die Bettkante. Madge zog sich auf einen Stuhl in die von den beiden Männern entfernteste Zimmerecke zurück. Kedzie ließ seine Zigarette aus dem Fenster fallen, drehte sich um und lehnte sich gegen den Sims.
»Hab gehört, daß du draußen bist, Joe«, sagte Maxie. »Dachte, ich komme am besten gleich mal vorbei, bevor du der Stadt den Rücken kehrst.«
»Wieso glaubst du, ich will wieder weg?« fragte Kedzie ruhig.
Maxie setzte das selbstgefällige Grinsen auf, das er zu jeder Gelegenheit parat hatte, und lehnte sich, auf die Ellbogen gestützt, zurück. »Es könnte ja sein, daß du nach El Paso willst. Hast dort herum doch was liegenlassen, oder?«
»Das einzige, was ich in El Paso verloren habe, war das Rennen gegen die Ortspolente.«
»Und sonst nichts?«
»Jedenfalls nichts von Interesse für dich, Kumpel.«
Maxie setzte sich mit einem Ruck auf. Er ballte die Hände, und seine Kiefer traten hervor. »Nun mach's aber halblang, Joe!« sagte er grob. »Ich hab ein Recht auf meinen Anteil. Habe genau so lange auf den Kies gewartet wie du.«
Kedzie steckte sich nonchalant eine weitere Zigarette an. »Mit dem einzigen Unterschied«, entgegnete er leichthin, »daß du draußen gewartet hast und ich drinnen.«
Maxie stand auf. Sein Ausdruck war hart, herausfor-

dernd. »Dein Pech, Joe. Aber das Geld gehört dir trotzdem nur zur Hälfte.«
Kedzie blickte zu Boden. Es ging um hunderttausend Dollar in diesem Spiel, und es wäre dumm, jetzt schon mit Maxie abzurechnen und in letzter Minute den Verlust der ganzen Summe zu riskieren. Er dachte an den Schatten, der ihm vom Gefängnis gefolgt war und den er nur mit größter Mühe abgehängt hatte. Natürlich hatte der Mann erwartet, er, Kedzie, würde ihn geradewegs zu seinem Versteck führen. Alles in allem wäre es vernünftiger, Maxie noch eine Weile hinzuhalten.
»Irrtum, Maxie«, sagte er. »Ich mußte die Suppe alleine auslöffeln, also habe ich auch mehr Anspruch auf den Kies als du. Hab ihn mir sauer verdient, wenn du es genau wissen willst, und beabsichtige nicht, ihn mit dir oder sonstwem zu teilen.«
Offene Entrüstung trat in Maxies Gesicht.
Ich muß ihm die Sache so glaubhaft verkaufen, daß er mitzieht, dachte Kedzie. Sonst muß ich ihn sofort wegräumen, gleich hier in Madges Zimmer. »Aber ohne Hilfe komme ich nicht an die Knete ran«, fuhr er fort. »Das ist der einzige Grund, warum ich noch hier bin. Ich brauche Kleingeld – mindestens zweihundert – und einen Wagen. Und aus dieser Kluft muß ich auch raus. Ich brauche andere Klamotten.«
Maxies Wut war in Neugier umgeschlagen.
Er beißt an, dachte Kedzie. »Ich mache dir ein Angebot«, sagte er. »Du besorgst mir einen Wagen, zweihundert Dollar und anständige Sachen, und ich gebe dir fünfundzwanzig Prozent, fünfundzwanzig Mille auf die Hand. Einverstanden?«
Maxie musterte Kedzie abwägend. Ob man ihn so weit einschüchtern konnte, daß er das Versteck des Geldes

preisgab? – Wahrscheinlich nicht. »Das hört sich schon besser an, alter Junge«, sagte er und fügte hastig hinzu: »Aber ich mache nur unter einer Bedingung mit.«
»Und die wäre?«
»Daß ich dich von jetzt an nicht mehr aus den Augen lasse und daß wir das Moos zusammen abholen.«
»Und wie ist es mit dem Wagen und allem übrigen?« wollte Kedzie wissen.
»Kein Problem. Das kann Madge in die Hand nehmen. Aber wir beide bleiben hier, bis sie alles Nötige hergeschafft hat.«
»In Ordnung«, sagte Kedzie. »Falls sie die Sachen noch heute abend organisiert, kann es gleich morgen früh losgehen.«
Maxie grinste eifrig. »Je eher, je besser. Madge schiebt sofort ab und mietet uns einen Wagen, und auf dem Rückweg fährt sie bei mir vorbei und holt dir ein paar Sachen aus meinem Kleiderschrank.«
»Und die zweihundert?«
Maxie lächelte selbstzufrieden. »Ich hab zufällig drei Hunderter in der Tasche. Hat mir ein Außenseiter eingebracht. Beim Rennen in Hollywood-Park heute nachmittag. Damit wären wir startklar, alter Junge. Wir können schon übermorgen in El Paso sein.«
Kedzie feixte. »Wir fahren aber nicht nach El Paso«, sagte er und warf Maxie einen lauernden Blick zu. »Da bist du geplättet, was?«
Ein Schatten von Argwohn verdüsterte Maxies Gesicht. Sein Grinsen erlosch. »Was soll das heißen?« stieß er hervor.
»Das heißt, daß die Kohle nicht in El Paso ist, sondern in Neu-Mexiko. Ganz weit draußen, wo kein Mensch hinkommt.«

Maxie musterte ihn verdutzt und brach in schallendes, ein wenig hysterisches Lachen aus. All die Mühe, die er sich in El Paso gemacht hatte, die tagelange Fragerei, um herauszubekommen, wo Kedzie das Geld versteckt haben könnte, war also sinnlos gewesen.
Auch Kedzie mußte lachen, aber nicht über Vergangenes. Er dachte nur noch an die Zukunft.

Am nächsten Morgen um zehn vor acht traten Kedzie und Maxie aus der Tür des Main Line Hotels auf die Main Street hinaus. Kedzie hatte den grauen grobleinenen Anzug, in dem das Gefängnis ihn entlassen hatte, mit Sporthose und kurzärmeligem Hemd vertauscht und trug ein Sakko von Maxie über dem Arm. Maxie folgte mit einem kleinen braunen Koffer, der ihre Nachtsachen und Wäsche zum Wechseln enthielt. Sie schritten ein Stück die Straße hinunter zu dem grünen Ford, den Madge für sie gemietet hatte. Maxie öffnete den Schlag und warf den Koffer auf den Rücksitz.
»Du fährst am besten«, sagte Kedzie. »Ich hab keinen Führerschein.«
Maxie nickte, schob sich hinter das Steuer, stellte den Motor an und wollte den ersten Gang einlegen, aber Kedzie unterbrach ihn mit einer Frage.
»Wie war das mit den zweihundert?«
Maxie musterte ihn befremdet. »Die habe ich dabei«, sagte er kühl.
»Gib her.«
Maxie schüttelte verärgert den Kopf, zog aber seine Brieftasche aus der Jacke, zählte zweihundert Dollar in Zehnern und Zwanzigern von einem Banknotenbündel ab und fledderte die Scheine wütend auf den leeren Mittelsitz zwischen sich und Kedzie. Kedzie sammelte

sie ein, faltete sie sorgfältig und ließ sie in der Brusttasche seines Hemdes verschwinden.
Sie fuhren über den Sunset Boulevard in den Romana Freeway hinein, und Kedzie lehnte sich entspannt in seinem Sitz zurück. Er fühlte sich erfrischt und gestärkt an diesem Morgen, dem ersten nach zehn Jahren, den er als freier Mann erlebte. Er beachtete Maxie überhaupt nicht und blickte interessiert aus dem Fenster, auf die Läden, die Wagen und die Frauen.
Maxie legte Geschwindigkeit zu, und der Wagen jagte durch Monterey Park und Covina, an Pamona vorbei und durch San Bernardino. Um elf waren sie bereits in Indio. Sie hielten an einer Tankstelle, füllten Benzin nach, und Kedzie stieg aus und kaufte eine Straßenkarte. Von Indio ging es auf der 99 weiter in südlicher Richtung.
Um ein Uhr erreichten sie El Centro und machten Rast. Maxie steuerte das erste Autobahnrestaurant jenseits der Stadt an, und sie setzten sich an einen Tisch und bestellten eine Mahlzeit. Kedzie breitete die Karte auf dem Tisch aus, borgte sich einen Bleistift von der Kellnerin und begann, die noch vor ihnen liegenden Meilen zu addieren.
»Noch gute dreihundert bis Tucson«, sagte er schließlich und blickte auf. »Wenn wir die in einem Stück durchziehen, sollten wir es bis heute abend gegen neun schaffen.«
»Und wie weit hinter Tucson ist es?« fragte Maxie gereizt.
»Nicht mehr weit«, versicherte Kedzie und lächelte. »Du wirst doch nicht etwa nervös, Maxie?«
Maxie stand mit einem Fluch auf, trat an einen Flipper und steckte eine Münze in den Schlitz. Kedzie blickte ihm nach. Wenn du die letzten zehn Jahre gewesen

wärest, wo ich war, hättest du ein bißchen mehr Geduld gelernt, du Schwein, dachte er.
Müde und verschwitzt kamen sie um Viertel nach neun in Tucson an, aber die Neonschilder der Hotels, die ihren Weg beleuchteten, standen alle auf »belegt«. Endlich, fünf Meilen jenseits der östlichen Ausläufer der Stadt, bekamen sie ein Zimmer in einem Motel. Maxie trug sie ins Register im Empfang ein, und sie brachten den Koffer auf ihr Zimmer. Zum Essen mußten sie zurück in die Stadt, und es wurde beinahe Mitternacht, bis sie zurückkamen und zu Bett gingen.
Am nächsten Morgen waren sie schon vor acht wieder unterwegs. Diesmal hatte Kedzie sich ans Steuer gesetzt. Er hatte es satt, unbeschäftigt herumzusitzen, und beschlossen, das Risiko auf sich zu nehmen. Fünfzig Meilen südöstlich von Tucson bogen sie auf die 666 ab und fuhren in nördlicher Richtung weiter. Die Straße machte einen großen Bogen um die Dos-Cabezas-Berge und schwenkte dann wieder nach Süden. Kurz vor elf passierten sie die Staatsgrenze von Neu-Mexiko und den ersten Wegweiser: Lordsburg 20 Meilen.
»Wir haben es so ziemlich geschafft«, bemerkte Kedzie lässig. »Nach Lordsburg noch eine Stunde, dann sind wir da.«
Maxie grunzte.
»Aber in Lordsburg halten wir erst mal«, fuhr Kedzie fort. »Ich habe noch ein paar Einkäufe zu machen.«
»Was für Einkäufe?« fragte Maxie unwirsch und streifte ihn mit einem argwöhnischen Blick.
»Ein langes Seil, beispielsweise«, sagte Kedzie.
»Und wozu zum Teufel soll das gut sein?«
»Bist du scharf auf das Geld oder nicht?« fragte Kedzie zurück. »Wir brauchen das Seil, um es raufzuholen.

Das Paket liegt in einem vierzig Fuß tiefen Brunnenschacht. Aber keine Angst, er muß schon seit Ewigkeiten ausgetrocknet sein.«
Maxies Kinnlade fiel herunter. »Du kriegst die Tür nicht zu!«
»Wir brauchen noch ein paar andere Dinge«, fuhr Kedzie fort. »Eine Taschenlampe und vielleicht auch eine kleine Schaufel, falls wir ein bißchen buddeln müssen. Nach all den Jahren könnten gut und gern zwei Fuß Sand darübergeweht sein, schätze ich.«

In Lordsburg hielten sie vor dem ersten großen Gemischtwarenladen an der Straße, und Kedzie fragte nach starkem Seil, er brauche sechzig Fuß. Der Verkäufer führte ihn ins Lager und zeigte ihm mehrere riesige Spulen. Kedzie wählte die stärkste Qualität und kehrte, während der Verkäufer die gewünschte Länge abmaß, in den Laden zurück, nahm eine kleine Handschippe aus einem Ständer und reichte sie Maxie. Der Verkäufer schleppte die schwere Seilrolle an, und Kedzie nahm sie ihm ab und hängte sie Maxie über den Arm.
»Pack das Zeug ins Auto«, sagte er nonchalant. »Ich komme gleich nach. Suche uns nur noch eine Taschenlampe aus.«
Maxie drehte sich auf dem Absatz um und trug die Einkäufe hinaus, und Kedzie wählte rasch eine Taschenlampe und Batterien. Dann schlenderte er lässig zu einer Vitrine am anderen Ende des Ladens und warf einen Blick in die Auslage. »Kann ich mir mal eine von diesen Übungspistolen ansehen?« fragte er, als der Verkäufer zu ihm trat.
Der junge Mann öffnete die Vitrine und nahm eine schwarze Automatik mittlerer Größe raus. »Das ist die

Sport Standard«, erläuterte er und legte seine Werbeplatte auf. »Eins der zuverlässigsten Fabrikate, diese Zweiundzwanziger. Das ideale Präzisionsmodell zum Scheibenschießen. Aber natürlich auch handlich für die Kleinwildjagd. Sie wiegt nur ein halbes Pfund und feuert lange und kurze.« Kedzie erkundigte sich nach dem Preis.

»Mal sehen«, sagte der Verkäufer. »Lauflänge sechsdreiviertel Zoll, diese Ausführung, das macht vierundvierzigfünfzig einschließlich Kaufsteuer.«

»In Ordnung«, erwiderte Kedzie knapp und warf einen Blick zur Tür. »Und setzen Sie eine Schachtel Patronen mit auf die Rechnung.«

Inzwischen hatte Maxie begonnen, sich über Kedzies langes Ausbleiben zu wundern. Er schloß die Wagentür, schlenderte zum Laden zurück, um nachzusehen, und spähte durch das Fenster. Kedzie stand an der Theke und drückte Patronen in ein Magazin. Neben seinem Ellbogen lag eine neue Übungspistole. Er weiß Bescheid, durchfuhr es Maxie. Er erbleichte, und seine Hände begannen zu zittern, während er beobachtete, wie Kedzie das geladene Magazin in den Griff der Waffe schob, sie in seinen Gürtel klemmte und das Hemd darüberzog.

Maxie fühlte Übelkeit in sich aufsteigen. Er ging zum Wagen zurück, setzte sich ans Steuer und starrte auf das Schaltbrett. Heute vormittag war Kedzie gefahren, und er hatte den Schlüsssel abgezogen. Er weiß, daß ich ihn nach der Lohntransportsache verpfiffen habe, dachte Maxie verzweifelt, und jetzt will er mich dafür umlegen. Er hat nie dran gedacht, mir was von der Kohle abzugeben. Die ganze Abmachung war ein Trick, um mich hierherzulotsen, wo er mich locker fertigmachen kann.

Plötzlich kam Maxie ein Gedanke, die Idee eines möglichen Auswegs. Er drehte sich um, warf einen Blick auf das Seil und die Schaufel auf dem Boden, streckte den Arm nach dem Koffer auf dem Rücksitz aus und öffnete ihn. Mit fliegenden Fingern durchwühlte er die schmutzige Wäsche, fischte den Toilettenbeutel mit seinem Rasierzeug heraus und zerrte den Reißverschluß auf.

Als Kedzie zurückkam, fand er Maxie ruhig am Steuer sitzend vor. Er stieg ein und reichte Maxie die Schlüssel. »Jetzt nehmen wir die 80 nach Süden raus«, sagte er. »Immer geradeaus. Ich sage dir dann Bescheid, wo wir abbiegen.«

Die Straße, ein schmales, graues Band, führte in beinahe gerader Linie an Lordsburg vorbei in die ausgedörrte Ebene. Die Sonne brannte vom Himmel und stand nun um Mittag beinahe senkrecht über ihnen. Alle Lebewesen dieser sandigen Ranchlandschaft hatten sich vor der sengenden Hitze in den spärlichen Schatten vereinzelter Dornendickichte geflüchtet, und selbst dort stieg die Temperatur um diese Tageszeit auf über vierzig Grad an.

Kedzie hatte sich mit dem Rücken zu Maxie zum Fenster gedreht und befingerte das kühle Material der Pistole in seinem Hemd. Maxie mußte gegen die Helligkeit anblinzeln, hielt die Augen aber starr geradeaus. Auf dieser Strecke begegneten sie keinem einzigen Fahrzeug, rollten stumm und in sich gekehrt auf der staubigen Straße dahin. Kedzie hatte die Einsamkeit in seinem Plan einkalkuliert. In dieser Gegend verbrachte niemand, der es vermeiden konnte, die Mittagsstunden draußen. Er hatte es darauf abgesehen, in dieser Wüste mit Maxie allein zu sein.

Nach einer halben Stunde kamen sie an einer Ausbuchtung in der Straße vorbei, einem geteerten großen Platz, und ein Schild trug die Aufschrift »Separ«. Kedzie hatte sich diesen Namen zehn Jahre lang gemerkt, hatte ihn sich vorwärts und rückwärts eingeprägt.

»Nur noch ein kurzes Stück, dann kommen wir an eine Biegung«, sagte er. »Und etwa drei Meilen weiter biegen wir ab. Erste rechts.«

Maxie antwortete nicht. Er hatte seit Lordsburg kein Wort gesagt. Als sie die von Kedzie beschriebene Abzweigung erreichten, bog er von der Hauptstraße ab. Die Teerdecke hier war uneben und voller Schlaglöcher. Maxie warf Kedzie einen fragenden Blick zu.

»Immer geradeaus«, sagte Kedzie. »Es ist nicht mehr weit.«

Sie holperten acht Meilen die Nebenstraße entlang, und allmählich begann das Gelände anzusteigen. Hier und da erhoben sich kleine Hümpel, dann niedrige Hügelketten aus der Ebene. Von nun an behielt Kedzie den Meilenzähler scharf im Auge, warf nur gelegentlich einen Blick durch die Windschutzscheibe, um nach Merkzeichen Ausschau zu halten, die er sich damals eingeprägt hatte. Endlich kam der Sandweg in Sicht, der rechtwinklig von der Straße abzweigte.

»Dort rein«, sagte er und deutete nach vorn.

Maxie bog ab. Der Weg war in besserem Zustand als die Teerstraße, und der Wagen rollte wieder ohne Holpern voran. Nach einer Biegung kamen sie an eine vom Regen breit ausgewaschene Rinne, den ehemaligen Förderkanal eines stillgelegten Bergwerks. Kedzie drehte sich um und spähte durch das Rückfenster, bis die Teerstraße aus seinem Blickfeld verschwand, wandte sich abrupt an Maxie und sagte: »Wir sind da, Partner.«

Er sprang heraus, sobald der Wagen zum Stehen gekommen war, und auch Maxie öffnete seinen Schlag und stieg aus. Die beiden Männer standen sich nur durch die Motorhaube getrennt Auge in Auge gegenüber.

»Du weißt es, Joe, nicht wahr?« fragte Maxie schlicht.

»Ja, Maxie, ich weiß Bescheid.« Kedzie zog die Automatik aus dem Hemd und hielt sie mit lockerem Griff.

»Ich frage mich noch immer, was mich dazu gebracht hat, Joe«, begann Maxie. »Ich...«

Kedzie fiel ihm ins Wort. »Was dich dazu gebracht hat?« wiederholte er schroff. »Das kann ich dir verraten, du Hund. Du hast es wegen zwei Kleinigkeiten getan: Madge und hundert Mille.«

»Ich weiß nicht, was damals über mich kam, Joe«, fuhr Maxie verzweifelt fort. »Ich hab mir einfach nicht überlegt...«

»Das ist jetzt egal«, bellte Kedzie. Er deutete mit der Pistole ins Innere des Wagens. »Hol das Seil und die Schaufel raus.«

Maxie hievte das schwere Seil aus dem Wagen, warf es sich über die Schulter und hob die Schaufel auf, dann dirigierte Kedzie ihn einen schmalen Pfad zur Mitte der Rinne hinunter und folgte im Abstand von ein paar Fuß. Der Pfad endete am Eingang eines Grubenschachtes. Zwanzig Fuß seitlich davon lag der ausgetrocknete Brunnen. Der drei Fuß hohe, aus Lehm und Ziegeln gemauerte Rand, der ihn umgeben hatte, war verwittert und teilweise eingestürzt. Von den beiden Pfählen, die ein kleines Schutzdach über dem kostbaren Wasservorrat gehalten hatten, stand nur noch einer. Die Winde, mit der sie den Eimer gesenkt und hochgezogen hatten, lag sonnengebleicht und geborsten im Sand.

»Das ist sie, Judas«, sagte Kedzie und lachte zynisch. »Joe Kedzies Privatbank.«
Maxie blieb stehen und wandte sich halb zu Kedzie um, aber Kedzie hob den Arm mit der Pistole. »Weitergehen!« Erst als Maxie sich wieder in Marsch setzte, ließ er die Waffe sinken.
Maxie warf das Seil am Rand des Brunnens ab und starrte in den tiefen Schacht. Seine rechte Hand krallte sich um den Griff der Schaufel, und im nächsten Augenblick wirbelte er herum und schleuderte sie Kedzie ins Gesicht.
Aber Kedzie wich dem Geschoß mühelos aus, bevor es sein Ziel erreichte. Kein schlechter Versuch, dachte er, hob die Pistole und drückte ab.
Die Kugel traf Maxie in den Magen. Er hielt beide Hände vor die Wunde, taumelte zurück, brach aber nicht zusammen. Kedzie feuerte noch einmal und ein drittes Mal, und beide Ladungen schlugen Maxie in die Brust. Er fiel hintenüber in den Brunnen.
Kedzie steckte sich die Pistole in den Gürtel, schlenderte zum Brunnenrand und zündete sich lässig eine Zigarette an. Dann zog er die Taschenlampe heraus und leuchtete in den Schacht hinunter, aber er war so tief, daß der Strahl nicht bis auf den Boden drang.
Er rauchte seine Zigarette gemächlich zu Ende, bevor er an die Arbeit ging. Er nahm ein Seilende auf, schleifte es zu einem großen Felsbrocken, schlang es mehrmals herum und zurrte es fest. Dann ging er zum Brunnen zurück, hob das restliche Seil hoch und warf es hinunter in die schwarze Tiefe. Ein dumpfes Echo hallte zu ihm herauf, als es auf dem Boden aufprallte.
Er setzte sich vorsichtig auf den morschen Rand, packte das Seil mit beiden Händen, stemmte die Füße flach gegen die Innenwand und begann, sich langsam

hinunterzulassen. Es dauerte nicht lange, bis er in völlige Dunkelheit eingetaucht war. Stetig und verbissen, mit gekrümmtem Rücken und angezogenen Beinen hangelte er sich immer tiefer abwärts.
Das Seil riß, kurz bevor Kedzie die Mitte des Schachtes erreicht hatte. Er schrie auf. Eine flüchtige Sekunde lang brauste die Schwärze an ihm vorbei, dann schlug er hart auf dem Boden auf.
Benommen und mit starkem Schwindelgefühl rollte er zur Seite und verhedderte sich in dem Seil, das auf ihn heruntergeprasselt war. Sein ganzer Körper schmerzte, und das Blut hämmerte in seinen Schläfen. Er befreite die Arme, schob das Seil von seinem Oberkörper und stützte sich mühsam vom Boden ab. Mit großer Anstrengung schaffte er es, sich aufzusetzen. Aber als er mit dem Rücken an der Brunnenwand lehnte, wurde ihm übel. Einen Augenblick lang glaubte er, ohnmächtig zu werden. Er verhielt sich ganz still und saugte die Luft in tiefen Zügen ein, um den Aufruhr in seinem Körper zu beruhigen.
Und wenn schon, sagte er sich immer wieder. Ich komme auch so klar. Brauche das Seil nicht, um hier herauszukommen. Der Schacht ist nicht breit. Eng genug, daß ich mich mit dem Rücken abstützen und mit den Füßen an der gegenüberliegenden Wand hochstemmen kann. Es wird ganz schön anstrengend werden und eine Weile dauern, aber es ist zu schaffen.
Er ließ sich Zeit, bis der Übelkeitsanfall vorüber war, dann fischte er die Lampe aus der Hosentasche. Die Bewegung war schmerzhaft, aber er war noch so geschockt von dem Fall und der Erkenntnis seiner prekären Lage, daß er keinen Gedanken auf körperliche Empfindungen verschwendete. Er knipste die Taschenlampe an und stellte erleichtert fest, daß sie

den Fall unbeschädigt überstanden hatte. Aber wie war es möglich, daß ein so starkes Seil nicht einmal sein Körpergewicht ausgehalten hatte? Er wühlte in dem wirren Knäuel herum, fand das Ende, das auf ihn draufgefallen war und untersuchte es eingehend im Licht der Taschenlampe. Gerissen waren nur einige wenige Fasern, wie er nun sah. Der Rest war eine saubere, diagonale Schnittfläche. Schräg eingekerbt, damit es weniger auffiel.
Außer ihm selbst und dem Verkäufer hatte nur Maxie das Seil in der Hand gehabt. Er mußte es angeschnitten haben, während er allein im Wagen saß.
Kedzie leuchtete den Boden ab, bis er Maxies Gesicht in den Lichtkegel bekam, und machte sich mit ein paar Flüchen gegen den Toten Luft. Dann lachte er auf. Du hast dich verrechnet, Maxie, dachte er. Raus komme ich hier allemal – mit oder ohne Seil.
Er stemmte sich hoch und stand auf. Aber der Schmerz, der durch sein rechtes Bein jagte, war so grauenhaft, daß er noch einmal taumelte, und er stürzte erneut. Sein Bein schmerzte so unerträglich, daß er ächzend liegenblieb. Erst nach einer Weile und mit verzweifelter Anstrengung drehte und wand er sich wieder in eine sitzende Position. Er zog sein Hosenbein hoch und richtete die Lampe auf das Bein. Zwischen Knie und Knöchel klaffte eine große Platzwunde, und ein zersplittertes Ende seines Schienbeins ragte aus dem Fleisch.
Er sank gegen die Wand zurück und spürte kaum noch etwas. Die Angst, die in ihm hochkroch, überlagerte sogar den Schmerz. Seine Hand fiel schlaff neben seiner Hüfte zu Boden und berührte etwas Hartes. Ein viereckiges, glattes Objekt. Er leuchtete hinunter und sah, was es war: Das in eine Plastikhülle eingeschlage-

ne Paket, von dem er zehn Jahre lang geträumt hatte. Tränen rannen ihm die Wangen hinunter, und er begann zu zittern. Dann, abrupt, packte er das Bündel und fluchte. Zum Henker mit dem gebrochenen Bein! Noch hatte Maxie ihm die hunderttausend nicht abgewonnen. Sein anderes Bein war heil. Er würde herauskommen.

Kedzie drückte das Paket an sich und stemmte sich langsam hoch. Und es glückte. Außer Atem und schweißüberströmt stand er aufrecht an der Wand. Nun mußte er sein Gewicht auf das gebrochene Bein verlagern. Er wartete einen Augenblick, bevor er es versuchte. Zuerst mußte er noch ein paarmal Luft holen und etwas zur Ruhe kommen.

Schon bei der ersten winzigen Probe, das zerschmetterte Bein zu belasten, schnitt der Schmerz ihm messerscharf durch den ganzen Körper. Er sackte zusammen und überließ sich seiner Qual und Verzweiflung. Er hielt das Paket noch im Arm, aber die Taschenlampe war ihm aus der Hand geglitten, und ihr Strahl fiel quer über den Boden direkt auf Maxies Gesicht.

Es schien Kedzie, als lächelte der Tote ihn an.

Inhalt

Der Mann mit den goldenen Händen 5
Blickfang 38
Do it yourself 45
Tod mit Verzögerung 56
Der Mann, der zweimal starb 64
Mörderische Spur 103
Unter Freunden 120
Beileidsbesuch 129
Das Arrangement 142
Ein Strick für zwei 155